누구나
쉽고 재미있게

사고력 수학

노크

C3
(10~11세)

평면도형

이 책을 보시는
부모님들께

머리가 좋아야 수학을 잘 한다는 말이 있습니다. 또, 수학을 잘 못하는 아이는 아빠, 엄마의 머리를 물려받아서 그렇다는 등의 난데없는 유전자 논쟁이 벌어지기도 합니다. 하지만 많은 사람들의 일반적인 생각과는 달리 이는 근거없는 이야기입니다. 외국의 한 연구 기관에서 언어, 사회, 수학, 과학의 네 가지 분야 중 어떤 것이 아동의 선천적 재능에 영향을 받는지 조사한 연구 결과를 발표했는데 일반적인 예상과는 다르게 선천적 재능에 영향을 받는 순서는 사회, 언어, 과학, 수학 순이었습니다. 다시 말해, 수학은 여러 학문 분야 중 선천적인 재능보다는 후천적인 환경이나 교육자, 학습자의 노력에 가장 큰 영향을 받는 학문이라 볼 수 있습니다. 수학의 가장 기본이 되는 '수 영역'의 예를 들어 보겠습니다. 아이들이 수를 처음 접하는 시기의 차이는 있지만 실제 수에 대한 감각과 수를 다루는 연습은 생활 속에서의 체험이나 다양한 활동, 학습 속에서 이루어집니다. 즉, 수학의 가장 기본이 되는 수는 선천적으로 가진 재능과는 거의 연관이 없으며 자라나면서 어떤 환경에 놓이는지, 얼마나 많이 수를 생각할 수 있는 기회가 있는지, 나이에 맞는 올바른 학습을 만날 수 있는지에 좌우됩니다. 그러므로 아이의 수학적 발달에 문제가 있다면, 그 아이가 누구를 닮아서 그런지, 지능이 떨어지는지를 따질 것이 아니라 수학적 힘을 기를 수 있는 학습 환경을 어떻게 만들어줄 것인가를 고민해야 합니다.

국제영재교육연구소
의 랜즐리 소장은 영재의 기준을 마련하기 위해 여러 연구를 시행한 결과, 영재의 공통적인 특징들을 발견하였습니다. 첫째는 115 이상의 지능지수(IQ), 둘째는 창의력(Creativity), 셋째는 동기적 요소라고 부르는 끈질긴 근성과 과제집착력이었습니다. 이들 세 가지 요소 역시 선천적으로 타고 나는 부분도 물론 있겠지만 대부분 후천적인 학습이나 교육 활동을 통해 기를 수 있는 능력이라는 데에 이의를 제기하기는 힘듭니다.

이처럼 수학적 능력은 후천적 학습 환경에 주로 좌우되며, 특히 어린 시절에는 그러한 경향이 더더욱 두드러집니다. 하지만 우리의 아이들을 둘러싼 수학적 환경을 다시 한 번 돌아봅시다. 초등학교를 들어가기 전부터 과도한 학습량과 무의미한 반복 활동, 이후의 수학 학습에 오히려 방해가 될 정도로 무리한 선행 학습 등의 환경은 아이의 수학적 힘을 길러주기보다는 수학에서 가장 중요한 창의적 사고력을 기를 수 있는 기회를 박탈함과 동시에 수학에 대한 흥미를 급속하게 떨어뜨리게 하여 수학으로 문제를 해결하려는 의지, 즉 수학적 동기를 스스로에게 부여하는 것을 불가능하게 만들어 버립니다. 중요한 것은 남들보다 먼저, 그리고 더 많이 수학적 지식을 머리 속에 주입하는 것이 아니라 태어나서부터 누구나 가지고 있는 수학에 대한 관심, 그리고 수학으로 생각하는 힘을 일깨워주는 것입니다.

수학을 잘할 수 있는 힘,
수학적 잠재력은 이미 여러분 아이들의 머릿 속에 줄곧 있어왔습니다. 단지 어떤 아이는 그것을 찾아내어 드러낼 수 있었고, 어떤 아이는 꼭꼭 숨긴 채 평생 드러나지 않을 뿐입니다. 이러한 수학적 잠재력에 대한 참신한 자극 – 생각을 두드리는 '노크'를 제안하려 합니다. '노크'는 수학적 지식과 스킬만을 무리하게 밀어넣지 않습니다. 왜 수학을 해야 하고, 어떻게 수학으로 가능한지 끊임없이 스스로 생각하게하는 계기로서의 활동이 되려 합니다. 일상으로부터 괴리된 학문으로서의 수학이 아닌, 삶을 살아가며 반드시 키워야 할 논리적, 합리적 사고력을 기를 수 있는 누구에게나 가장 중요한 경쟁력으로서의 수학을 주장합니다. '노크'야말로 새로운 수학 학습의 길을 보여주는 방향타가 될 것입니다.

한 현 조

똑!똑! 사고력 수학
노크의 구성

시작 : 생각열기

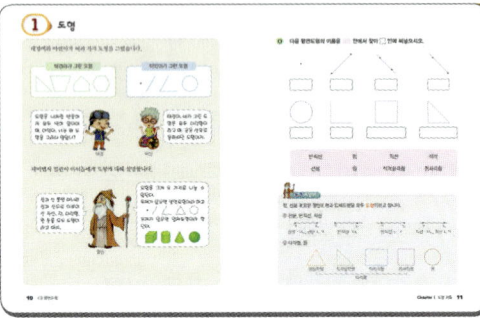

사고력 수학 주제에 맞는 수학적 상황, 수학사, 생활 속 수학 이야기 등의 자유로운 형식으로 흥미를 유발하고, 수학적 사고를 자극하는 주제별 프롤로그

노크 포인트
문제 해결의 핵심적 원리를 '콕!' 집어서 간결하게 요약한 사고력 수학 주제별 포인트

전개 : 유형 탐구

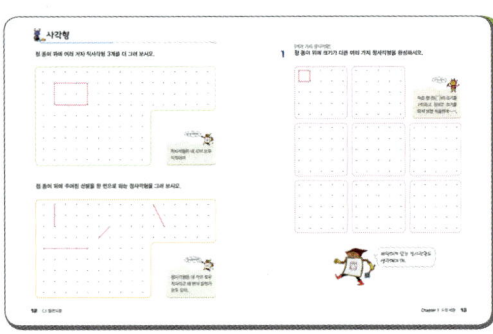

사고력 수학의 대표 유형을 노크만의 새로운 방법으로 차근차근 한 단계씩 익히고 해결하는 단계적 유형 탐구와 이를 통해 익힌 방법적 원리를 적용, 확장하는 확인 문항

> 잘 생각해 봐!

수학 요정들의 친절한 충고와 꼬마 요괴들의 밉살스럽지만 유용한 조언으로 어려운 발전 문항의 해결을 돕는 문제 해결 도우미 박스

발전 : 창의적 문제해결력

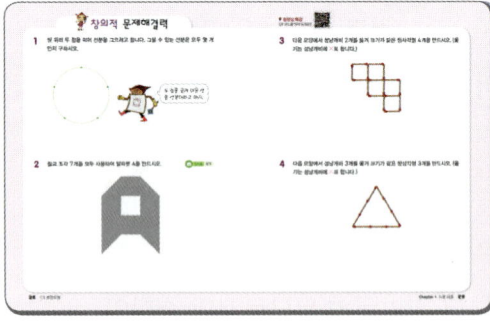

3개의 사고력 수학 주제를 갈무리하는, 한 차원 높은 창의력과 복합적인 사고력을 요구하는 발전 문항의 끝판왕

마무리 : 정답 및 해설

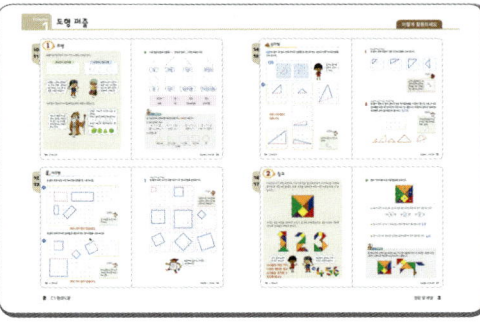

본문에 그대로 첨삭된 정답과 간략한 풀이 과정을 통한 사고력 수학 활동 피드백으로 마무리

노크
캐릭터 소개

지식을 되찾기 위해 노크랜드로 떠난 모험가 친구들

일단 저지르고 보는 거야!
난 궁금한 건 절대 못 참아.

침착하게 위기를 벗어나야 해.

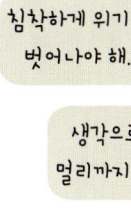
생각으로 아주 멀리까지 날아가.

태경
활동파 리더

지오
호기심 공주

초이
조용한 전략가

아인
꼬마 천재

마법사 멀린과 수학 요정

마법사 멀린

노크랜드의 지식의 수호자. 지식을 파괴하려는 대마왕의 음모에 맞서 모험을 떠난 친구들의 든든한 조력자.

아르키메데스

페르마

플라톤

파스칼

피타고라스

가우스

유클리드

오일러

대마왕과 꼬마 요괴

대마왕

노크랜드의 지식의 파괴자. 세계를 차지하기 위해 모든 지식을 없애버리려고 하는 요괴들의 두목.

딴소리

한입

장난

딴짓

멍하니

잠만자

울보

거꾸로

이 책의 차례

Chapter 3 도형의 개수

Chapter 4 붙이기 나누기

Chapter 1

도형 퍼즐

① 도형

태경이와 아인이가 여러 가지 도형을 그렸습니다.

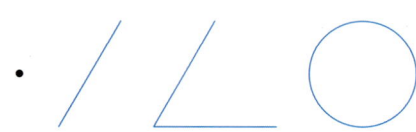

도형은 나처럼 반듯하게 모두 막혀 있어야 해. 아인아. 너는 왜 도형을 그리다 말았니?

태경

태경아. 네가 그린 도형은 모두 다각형이라고 해. 곧은 선으로 둘러싸인 도형이지.

아인

대마법사 멀린이 아이들에게 도형에 대해 설명합니다.

점과 선 뿐만 아니라 점과 선으로 이루어진 직선, 각, 다각형, 원 등을 모두 도형이라고 하지.

멀린

도형은 크게 두 가지로 나눌 수 있단다.
두께가 없으면 평면도형이라 하고

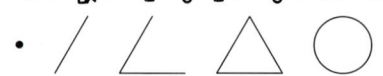

두께가 있으면 입체도형이라 한단다.

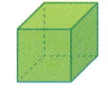

다음 평면도형의 이름을 [　] 안에서 찾아 [　] 안에 써넣으시오.

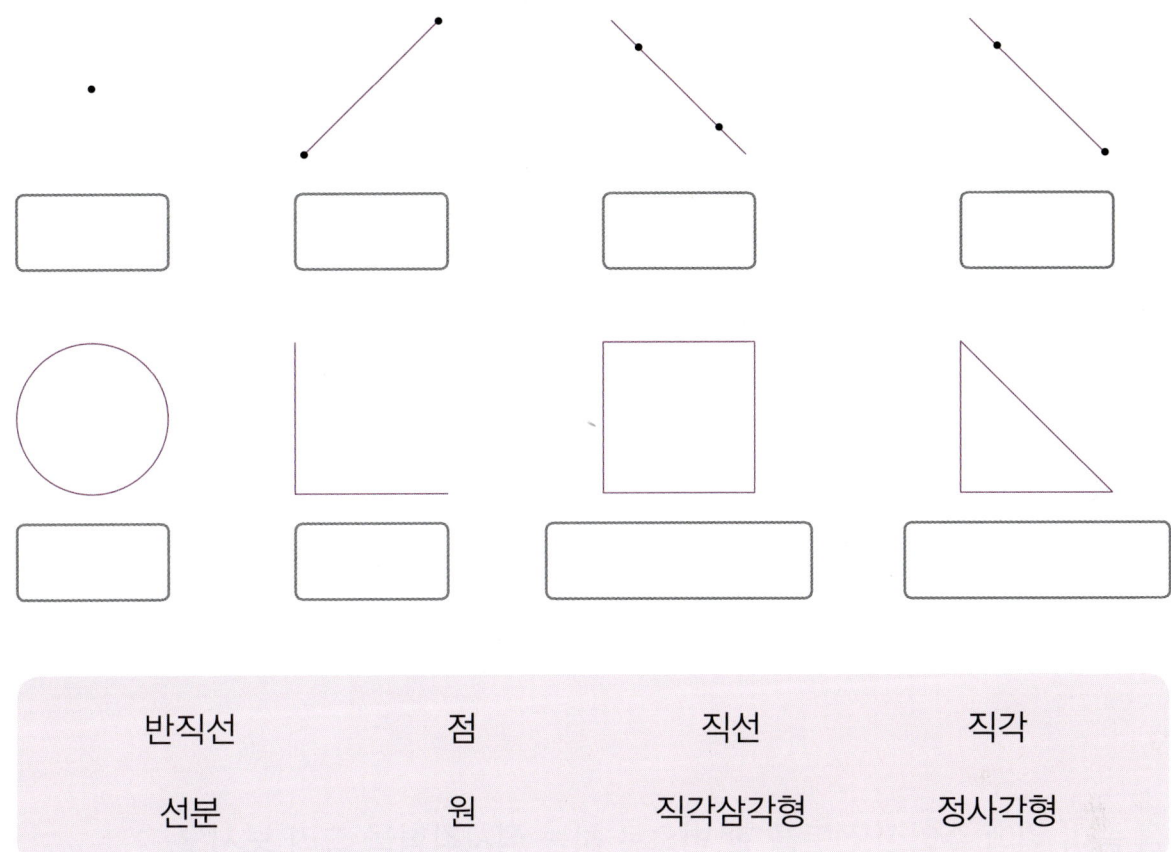

| 반직선 | 점 | 직선 | 직각 |
| 선분 | 원 | 직각삼각형 | 정사각형 |

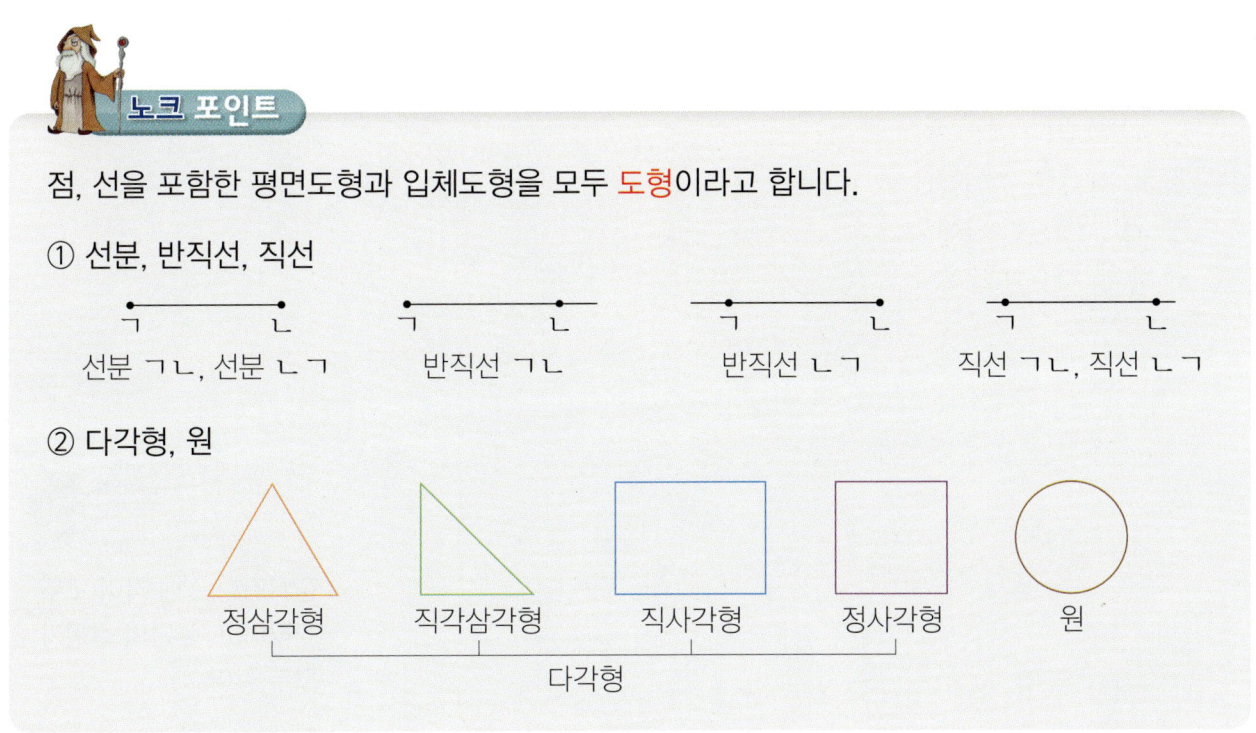

노크 포인트

점, 선을 포함한 평면도형과 입체도형을 모두 **도형**이라고 합니다.

① 선분, 반직선, 직선

| 선분 ㄱㄴ, 선분 ㄴㄱ | 반직선 ㄱㄴ | 반직선 ㄴㄱ | 직선 ㄱㄴ, 직선 ㄴㄱ |

② 다각형, 원

정삼각형　　직각삼각형　　직사각형　　정사각형　　원

다각형

 사각형

점 종이 위에 여러 가지 직사각형 3개를 더 그려 보시오.

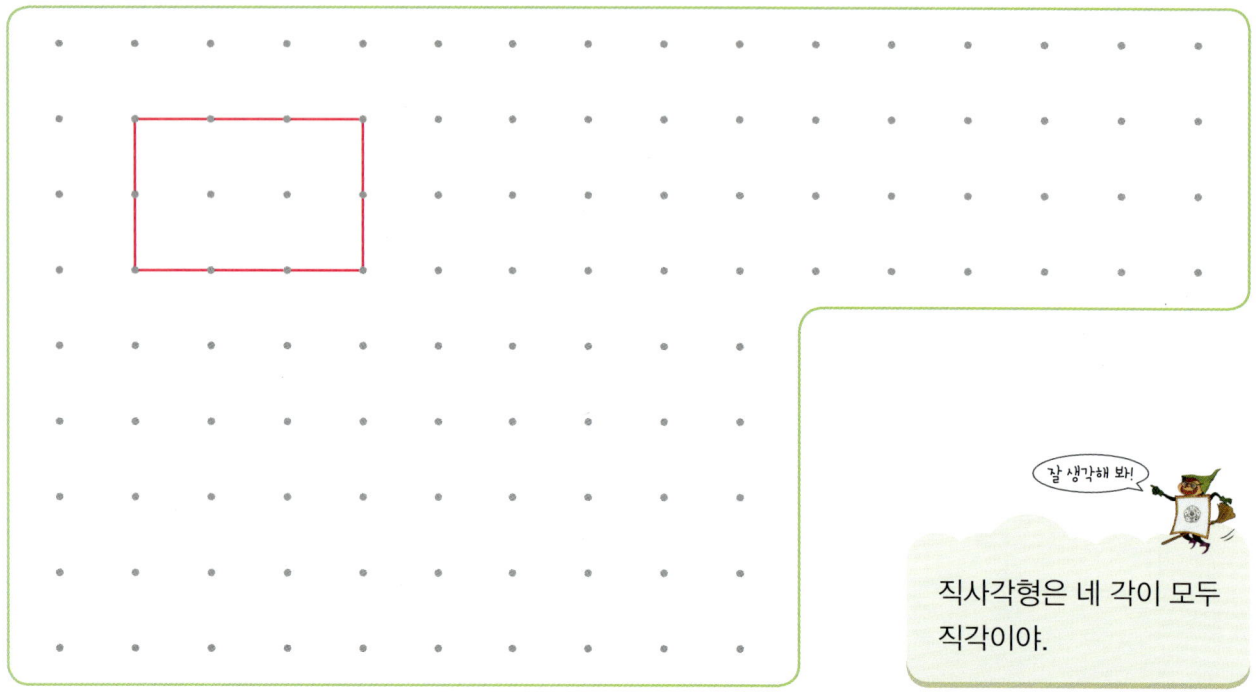

직사각형은 네 각이 모두 직각이야.

점 종이 위에 주어진 선분을 한 변으로 하는 정사각형을 그려 보시오.

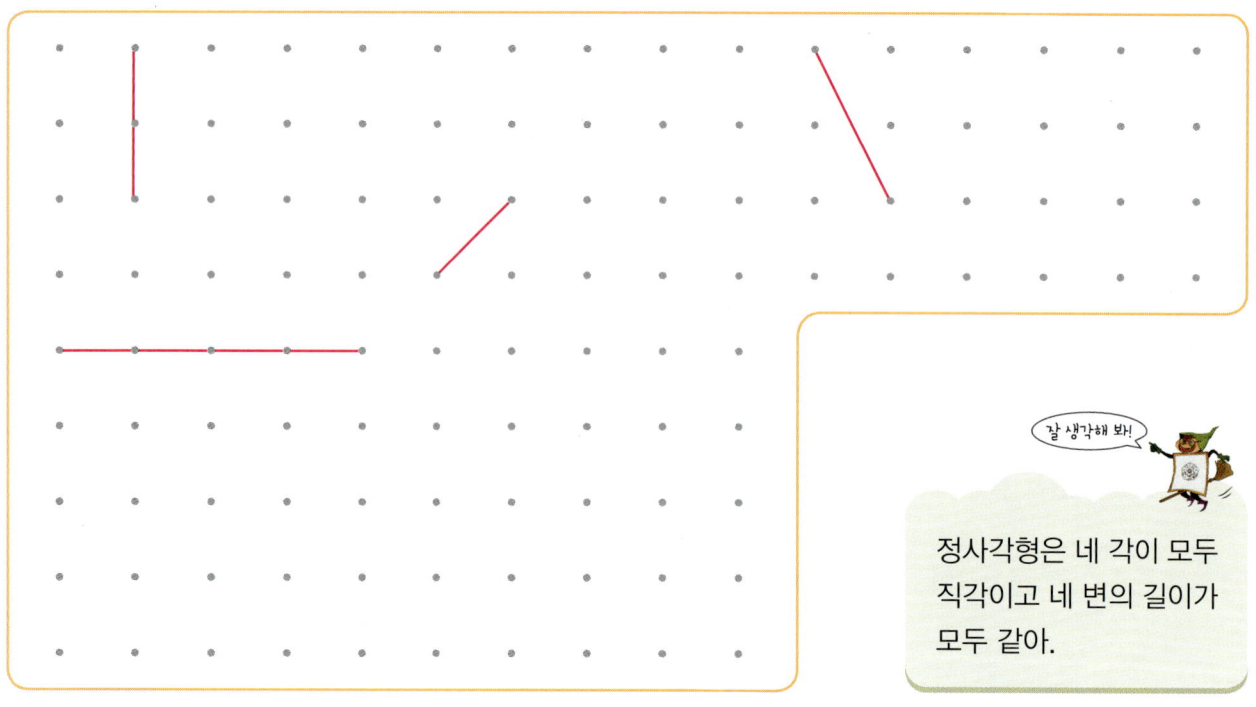

정사각형은 네 각이 모두 직각이고 네 변의 길이가 모두 같아.

[여러 가지 정사각형]

1 점 종이 위에 크기가 다른 여러 가지 정사각형을 완성하시오.

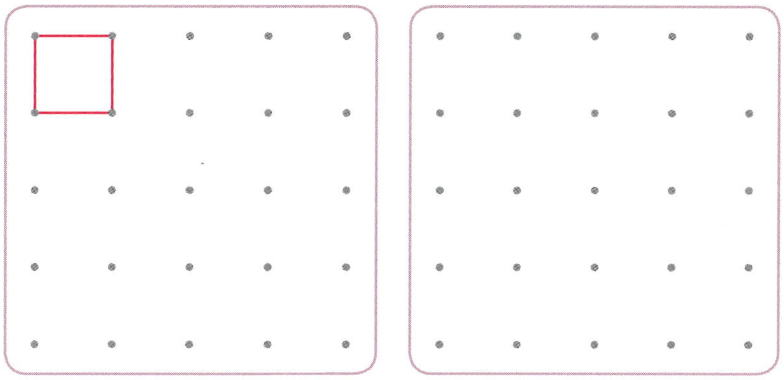

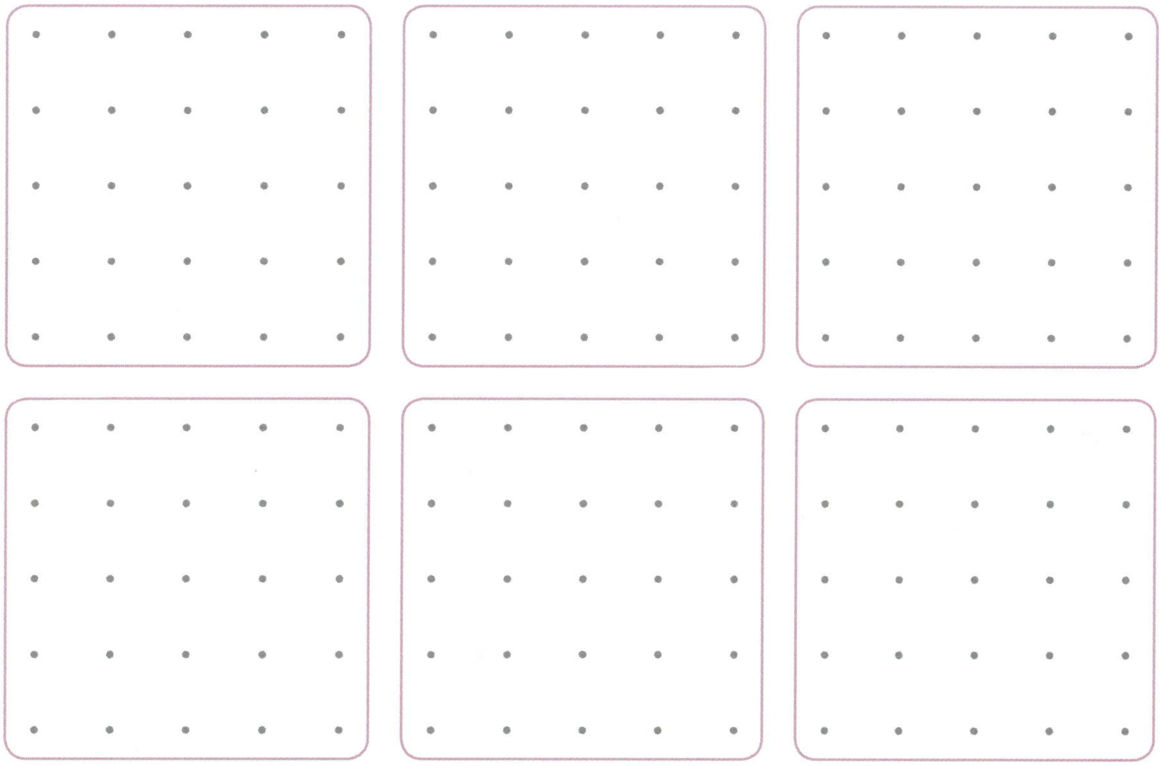

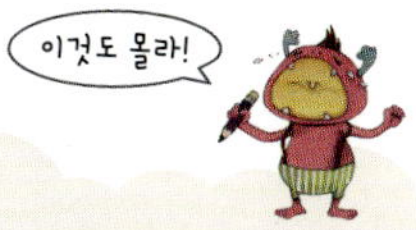
이것도 몰라!

작은 한 칸(□)의 크기를 1이라고 정하고 크기를 따져 보면 쉬울텐데…….

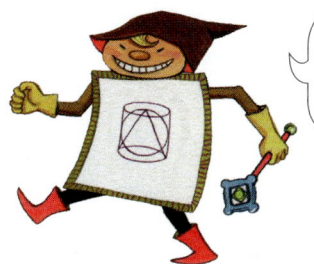

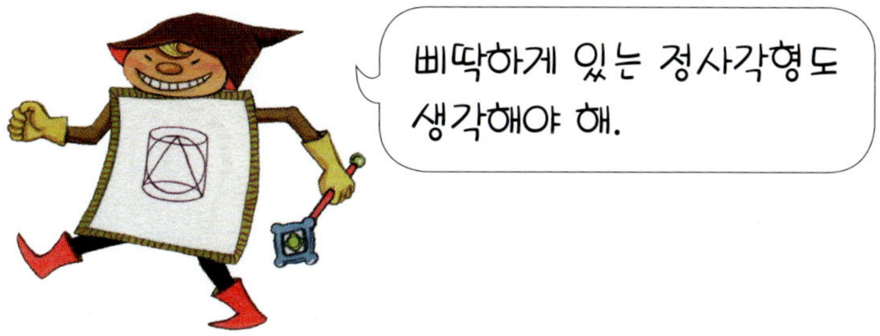
삐딱하게 있는 정사각형도 생각해야 해.

 삼각형

보기 와 같이 점 종이 위에 주어진 선분을 한 변으로 하는 모양이 다른 직각삼각형을 그려 보시오.

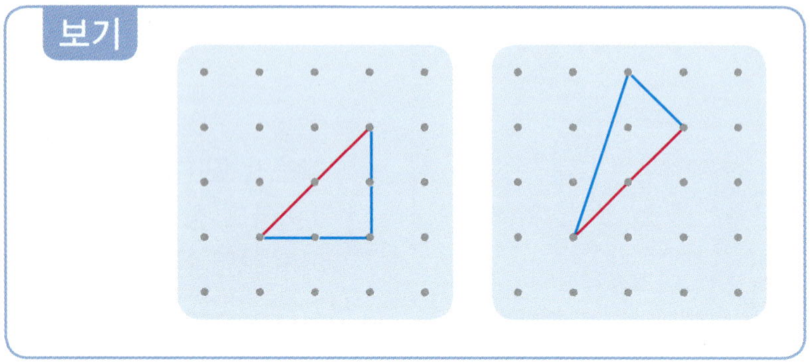

보기

직각의 위치를 정하면 그리기가 쉬워.

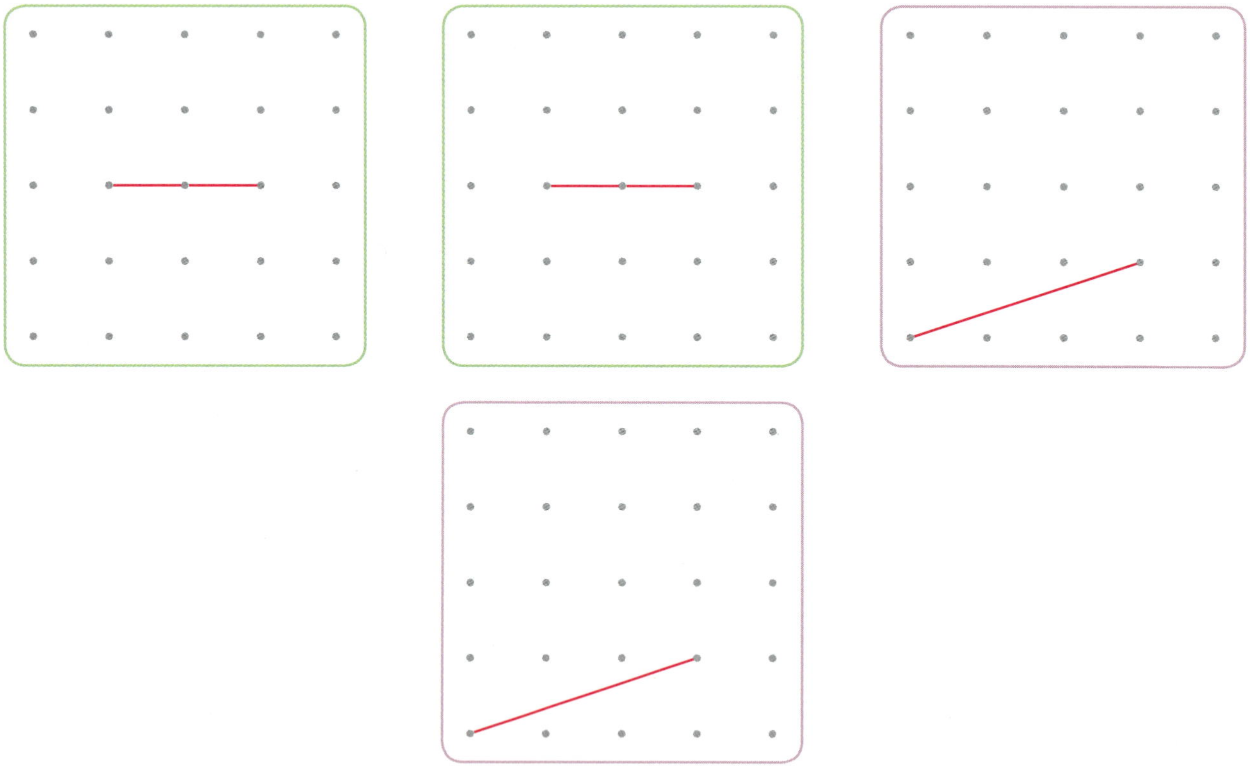

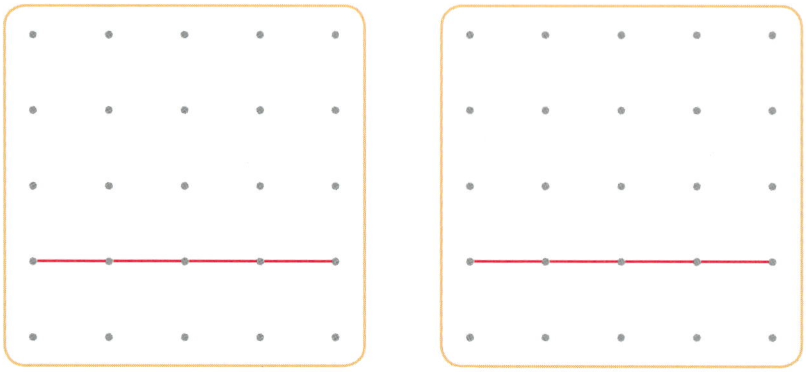

잘 생각해 봐!

직각삼각형은 한 각이 직각이야.

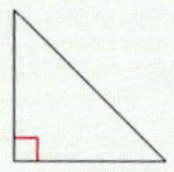

1 점 종이 위에 모양이 다른 직각삼각형을 그려 보시오.

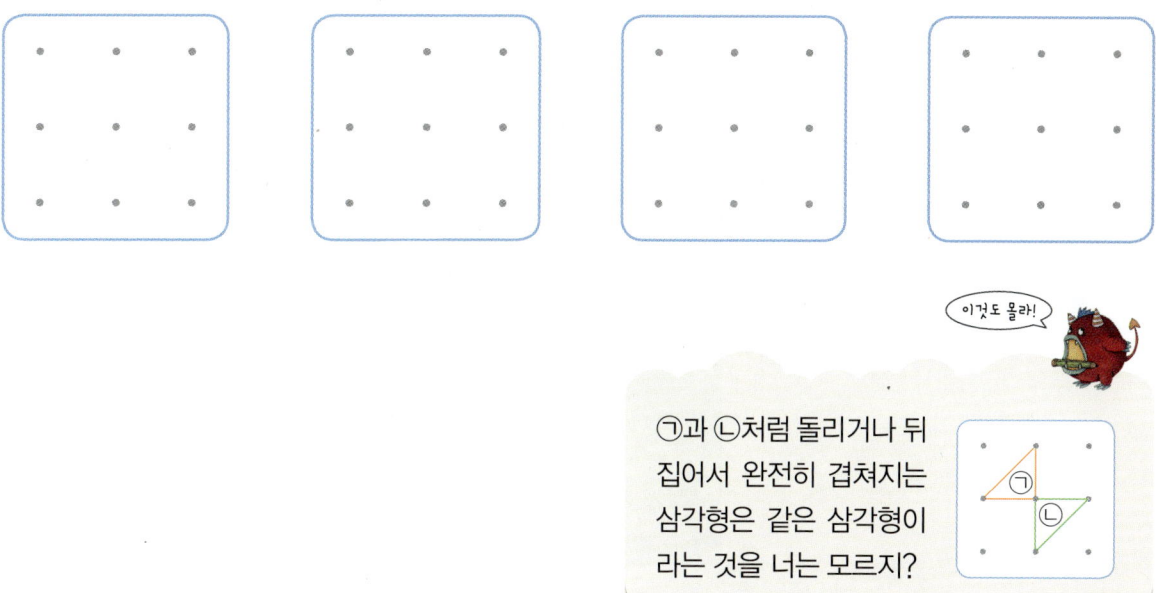

이것도 몰라!

㉠과 ㉡처럼 돌리거나 뒤집어서 완전히 겹쳐지는 삼각형은 같은 삼각형이라는 것을 너는 모르지?

[두 변의 길이가 같은 직각삼각형]

2 점 종이 위에 두 변의 길이가 같은 직각삼각형을 그리려고 합니다. 그릴 수 있는 삼각형은 모두 몇 가지인지 구하시오. (단, 돌리거나 뒤집어서 완전히 겹쳐지는 삼각형은 같은 삼각형으로 봅니다.)

잘 생각해 봐!

직각삼각형 중에서 두 변의 길이가 같은 삼각형은 이렇게 생겼지.

② 칠교

다음과 같이 **7**개의 조각으로 이루어진 것을 '칠교'라고 하며, 중국에서는 '지혜의 판'이라고 부르기도 합니다. 칠교 조각을 사용하여 여러 가지 모양을 만들 수 있습니다.

초이는 칠교 조각을 사용하여 숫자 **1, 2, 3**을 만들었습니다. 칠교 조각을 사용하여 다른 숫자들도 만들어 봅시다.

8 칠교 7조각을 보고 다음 물음에 답하시오.

● ㉣ 조각으로 ㉠, ㉢, ㉅ 조각을 덮으려면 각각 몇 개가 필요합니까?

㉠: ☐ 개   ㉢: ☐ 개   ㉅: ☐ 개

● ㉅ 조각으로 ㉠ 조각을 덮으려면 몇 개가 필요합니까?

● ㉠ 조각으로 칠교판 전체를 덮으려면 몇 개가 필요합니까?

노크 포인트

중국에서 처음 시작된 칠교 놀이는 칠교 7조각을 사용하여 여러 가지 재미있는 모양을 만드는 것으로 서양에서는 탱그램(Tangram)이라고 불립니다.

칠교 도형

칠교 조각 3개를 사용하여 직각삼각형을 만들었습니다. 이 모양에 칠교 조각을 1개씩 더하여 직각삼각형과 정사각형을 만들어 보시오.

준비물 칠교

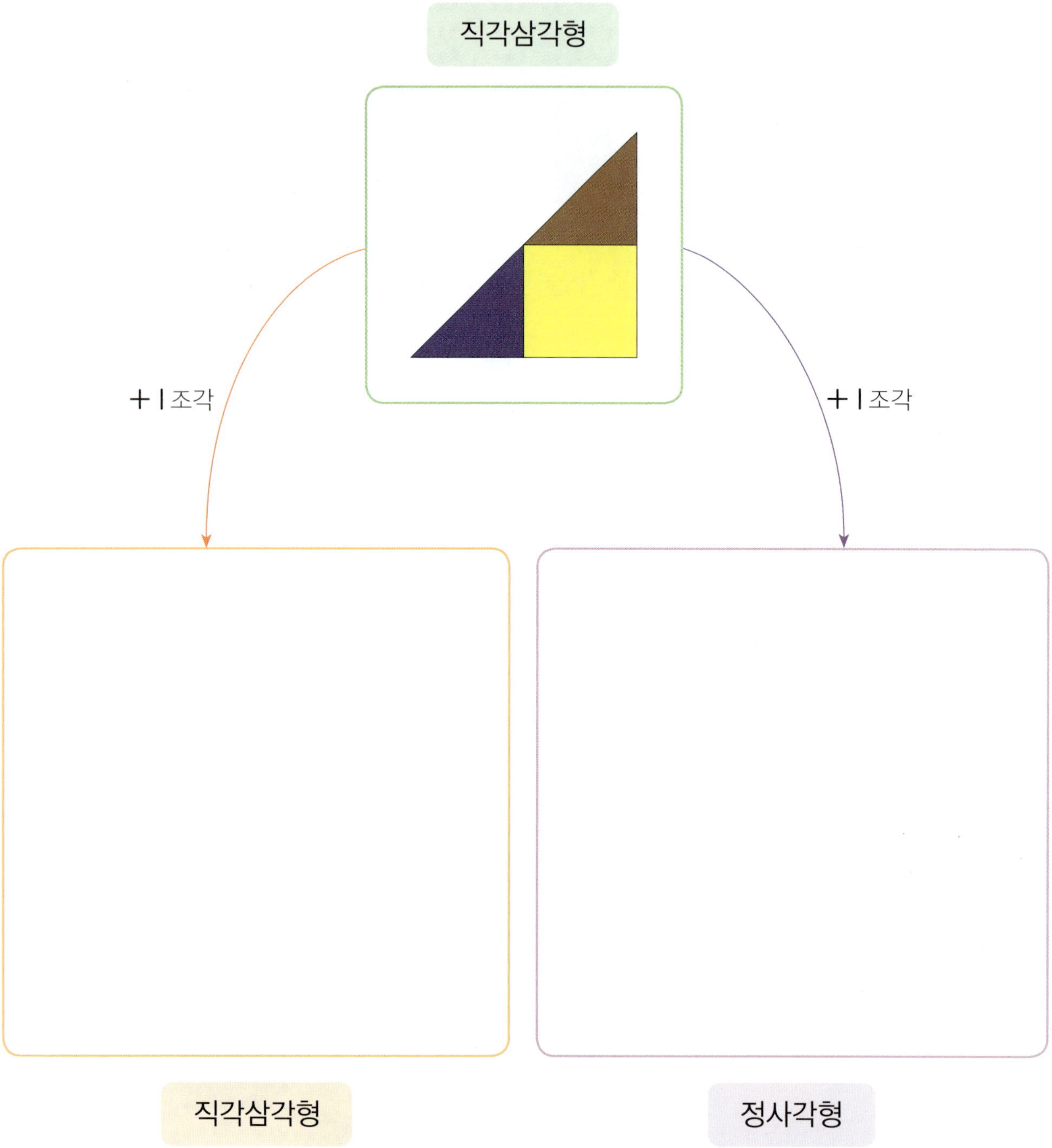

직각삼각형

+1 조각

+1 조각

직각삼각형

정사각형

1 칠교 조각 중 5개를 사용하여 오른쪽 직사각형을 만들었습니다. 사용하지 않은
조각의 기호를 모두 쓰시오.

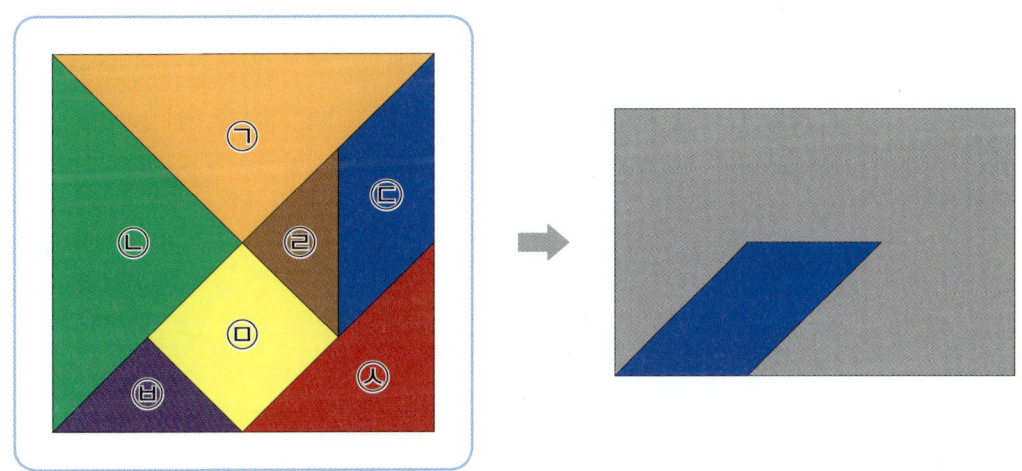

[직각삼각형]

2 칠교 조각 7개를 모두 사용하여 직각삼각형을 만들어 보시오.   🧳 준비물 칠교

잘 생각해 봐!

빨간선을 따라 나눈 두
부분을 합쳐서 직각삼각
형을 만들어 보렴.

 # 칠교 동물

지오는 마법의 칠교판을 수학 요정에게 선물받았습니다. 마법의 칠교판으로 만든 동물들은 살아있는 동물처럼 움직일 수 있다고 합니다. 칠교 조각 7개를 모두 사용하여 다음 동물을 완성하시오.

준비물 칠교

1 학

모양을 완성하면 날아가 버릴까?

2 대머리 독수리

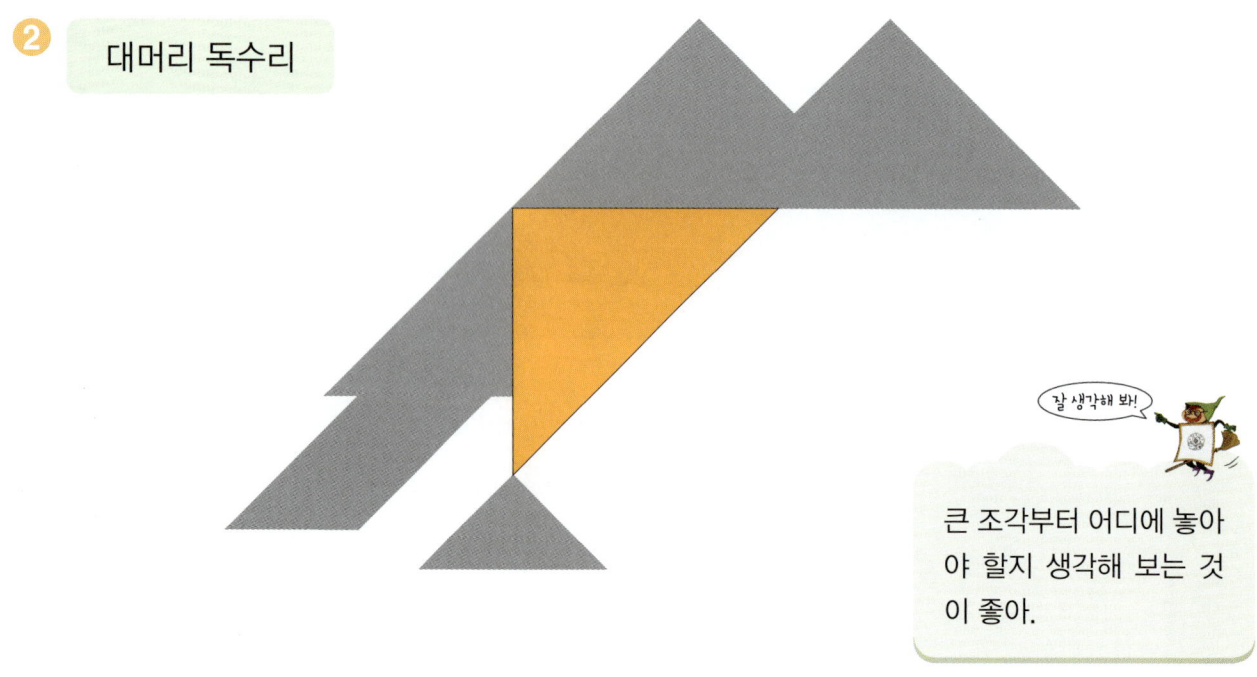

잘 생각해 봐!

큰 조각부터 어디에 놓아야 할지 생각해 보는 것이 좋아.

1 동물원에는 칠교 동물들이 살고 있습니다. 칠교 조각 7개를 모두 사용하여 여러 가지 동물을 만들어 보시오.

준비물 칠교

3 성냥개비 도형

아인이와 태경이가 성냥개비를 사용하여 정사각형을 만들고 있습니다. 그런데 크기가 같은 정사각형 2개를 만드는 데 사용한 성냥개비의 개수가 다릅니다.

아인이와 태경이처럼 정해진 개수의 성냥개비를 사용하여 크기가 같은 정사각형 3개를 만들어 보시오.

⬤ 아인이와 태경이가 성냥개비를 24개씩 똑같이 가지고 있습니다. 아인이는 성냥개비를 모두 사용하여 크기가 같은 정사각형 6개를 만들었고, 태경이는 크기가 같은 정사각형 9개를 만들었습니다. 태경이가 만든 모양을 나타내어 보시오.

아인

난 성냥개비 24개로 정사각형 9개를 만들었어.

태경

노크 포인트

길이가 같은 성냥개비를 사용하여 여러 가지 도형을 만들 수 있습니다.

① 성냥개비 4개를 사용하여 만든 사각형은 정사각형이고,
   성냥개비 3개를 사용하여 만든 삼각형은 정삼각형입니다.

정사각형   정삼각형

② 사용한 성냥개비의 개수가 달라도 만든 도형의 개수는 같을 수 있습니다.

성냥개비 9개
삼각형 3개

성냥개비 7개
삼각형 3개

성냥개비 사각형

성냥개비 12개를 사용하여 크기가 같은 정사각형 4개를 만들었습니다.

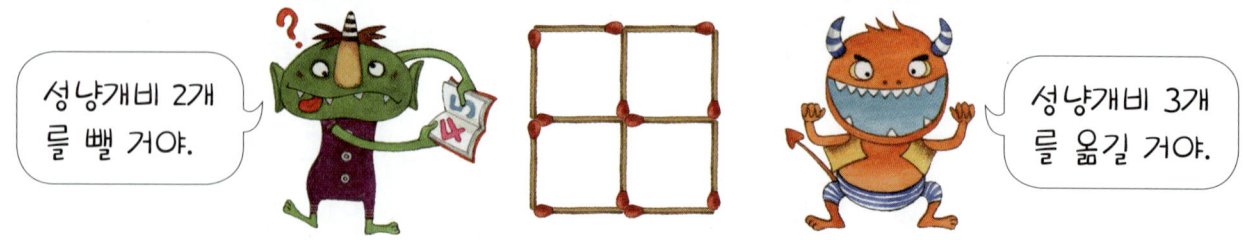

① 성냥개비 2개를 빼서 크기가 같은 정사각형 3개를 만들었습니다.

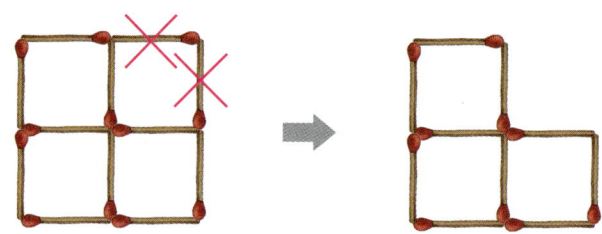

성냥개비 2개를 빼서 크기가 다른 정사각형 2개를 만들어 보시오. (빼는 성냥개비에 ✕표 하고 만든 모양을 오른쪽에 그립니다.)

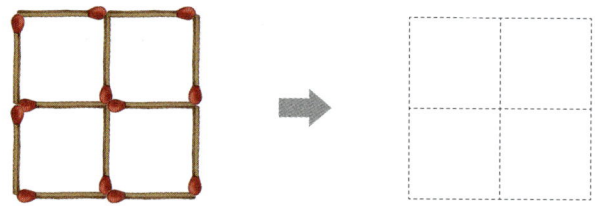

② 성냥개비 3개를 옮겨서 크기가 같은 정사각형 3개를 만들어 보시오. (옮기는 성냥개비에 ✕표 하고 만든 모양을 오른쪽에 그립니다.)

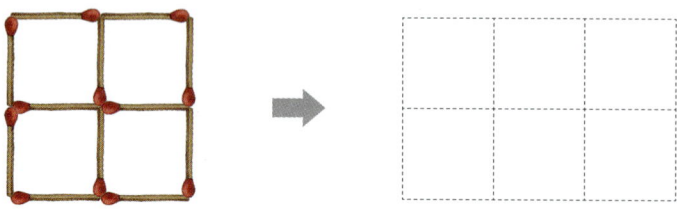

[정사각형 3개]

1 다음 모양에서 성냥개비 4개를 옮겨서 크기가 같은 정사각형 3개를 만들어 보시오. (옮기는 성냥개비에 ✕표 합니다.)

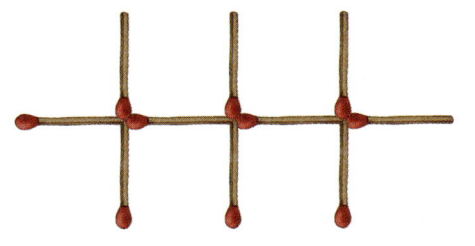

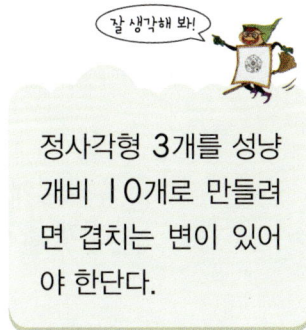

정사각형 3개를 성냥개비 10개로 만들려면 겹치는 변이 있어야 한단다.

[정사각형 5개]

2 다음 모양에서 성냥개비 4개를 빼서 크기가 같은 정사각형 5개를 만들어 보시오.

빼는 성냥개비에 ✕표 해 봐.

성냥개비 삼각형

성냥개비를 사용하여 정삼각형 3개를 만들었습니다. 성냥개비를 옮겨서 조건에 맞는 모양을 만드시오.

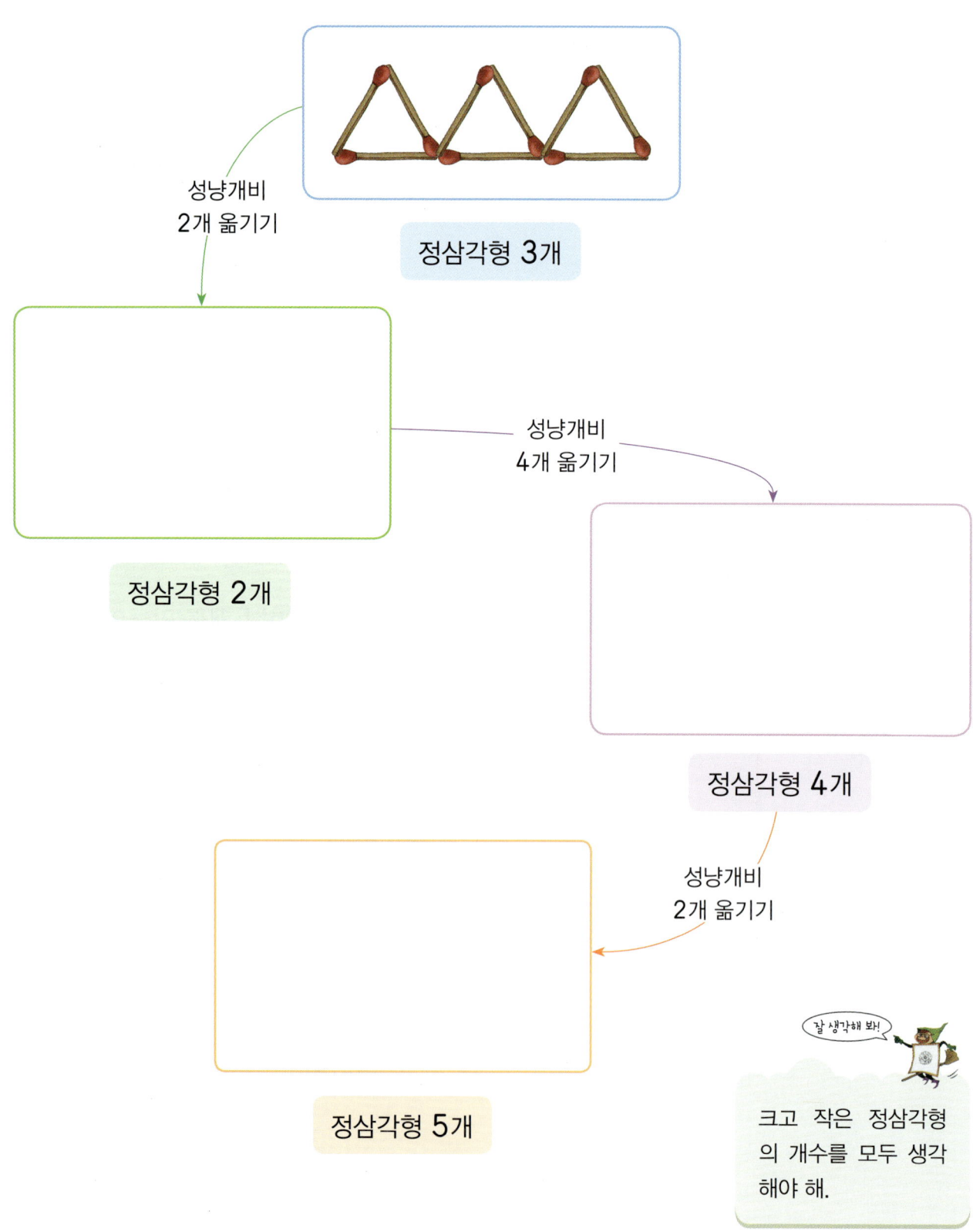

성냥개비
2개 옮기기

정삼각형 3개

정삼각형 2개

성냥개비
4개 옮기기

정삼각형 4개

성냥개비
2개 옮기기

정삼각형 5개

잘 생각해 봐!

크고 작은 정삼각형의 개수를 모두 생각해야 해.

[삼각형 3개]

1 다음 모양에서 성냥개비 3개를 빼서 크기가 같은 정삼각형 3개를 만들어 보시오. (빼는 성냥개비에 ✕표 합니다.)

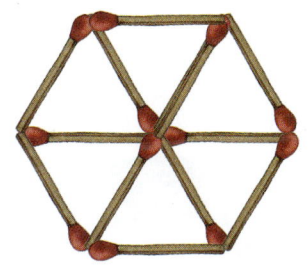

3개를 빼면 남는 성냥개비는 9개야. 그렇다면 겹치는 변이 없는 삼각형 3개를 만들어야겠지?

[삼각형 6개]

2 다음 모양에서 성냥개비 3개를 빼서 크기가 같은 정삼각형 6개를 만드시오.

빼는 성냥개비에 ✕표 해 봐.

창의적 문제해결력

1 원 위의 두 점을 이어 선분을 그으려고 합니다. 그을 수 있는 선분은 모두 몇 개 인지 구하시오.

두 점을 곧게 이은 선을 선분이라고 하지.

2 칠교 조각 7개를 모두 사용하여 알파벳 A를 만드시오.

 준비물 칠교

3 다음 모양에서 성냥개비 2개를 옮겨 크기가 같은 정사각형 4개를 만드시오. (옮기는 성냥개비에 ×표 합니다.)

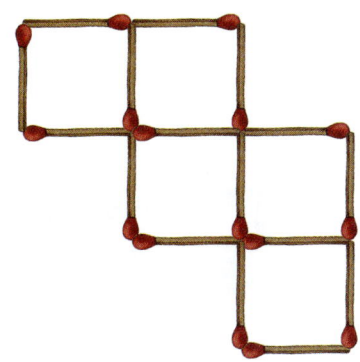

4 다음 모양에서 성냥개비 3개를 옮겨 크기가 같은 정삼각형 3개를 만드시오. (옮기는 성냥개비에 ×표 합니다.)

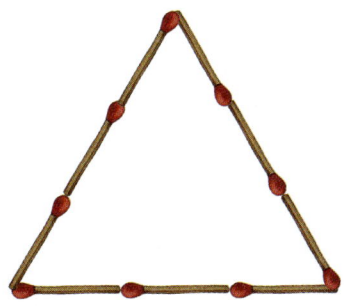

Chapter 2

도형의 이동

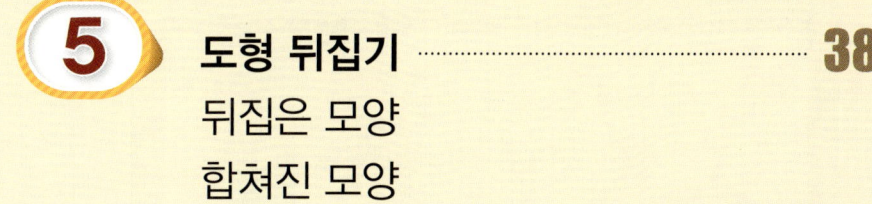

도형 돌리기

테트리스 게임은 1984년 러시아의 프로그래머인 알렉세이가 만든 컴퓨터 게임입니다. 다음과 같이 크기가 같은 정사각형 4개를 붙여서 만든 7가지 테트리스 조각을 밀거나 돌려서 빈틈없이 쌓아야 합니다.

테트리스 조각

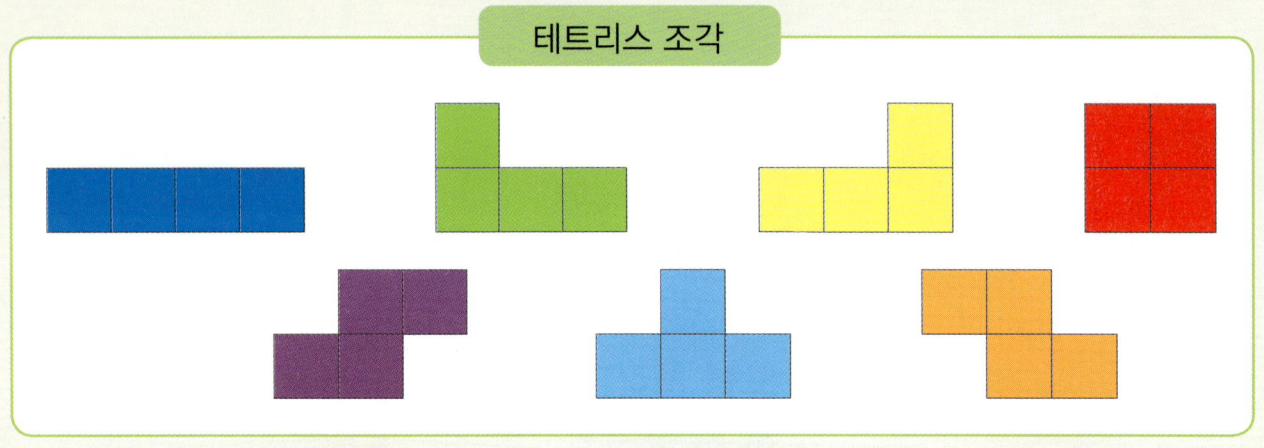

초이와 함께 다음 빈 곳에 테트리스 조각을 채워 봅시다.

 준비물 테트리스 조각

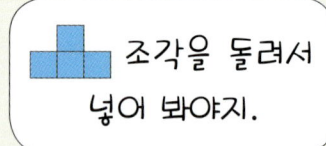 조각을 돌려서 넣어 봐야지.

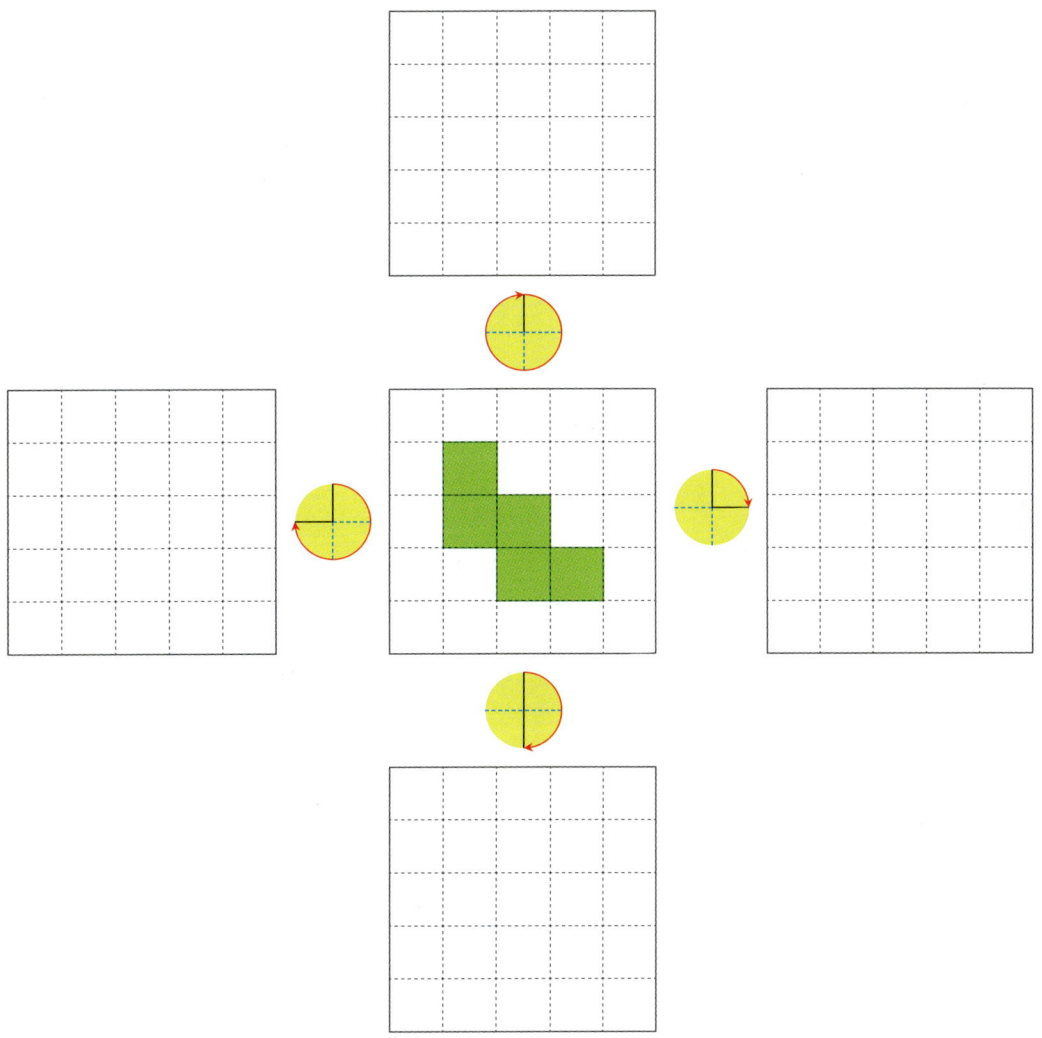 주어진 도형을 여러 방향으로 돌린 도형을 그려 보시오.

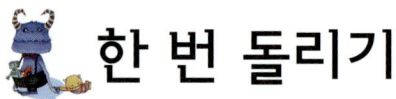

한 번 돌리기

다음 중 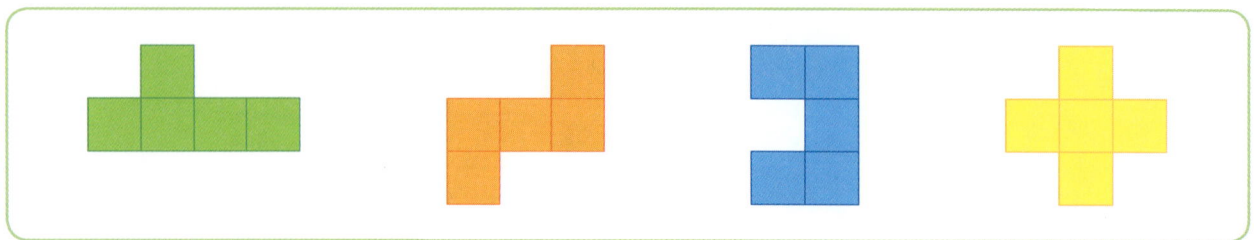 와 같이 돌렸을 때 처음과 똑같은 도형을 모두 찾아봅시다.

❶ 주어진 도형을 와 같이 돌린 도형을 그려 보시오.

잘 생각해 봐!

한 번에 와 같이 돌리기 어려우면 와 같이 2번 돌리면 된단다.

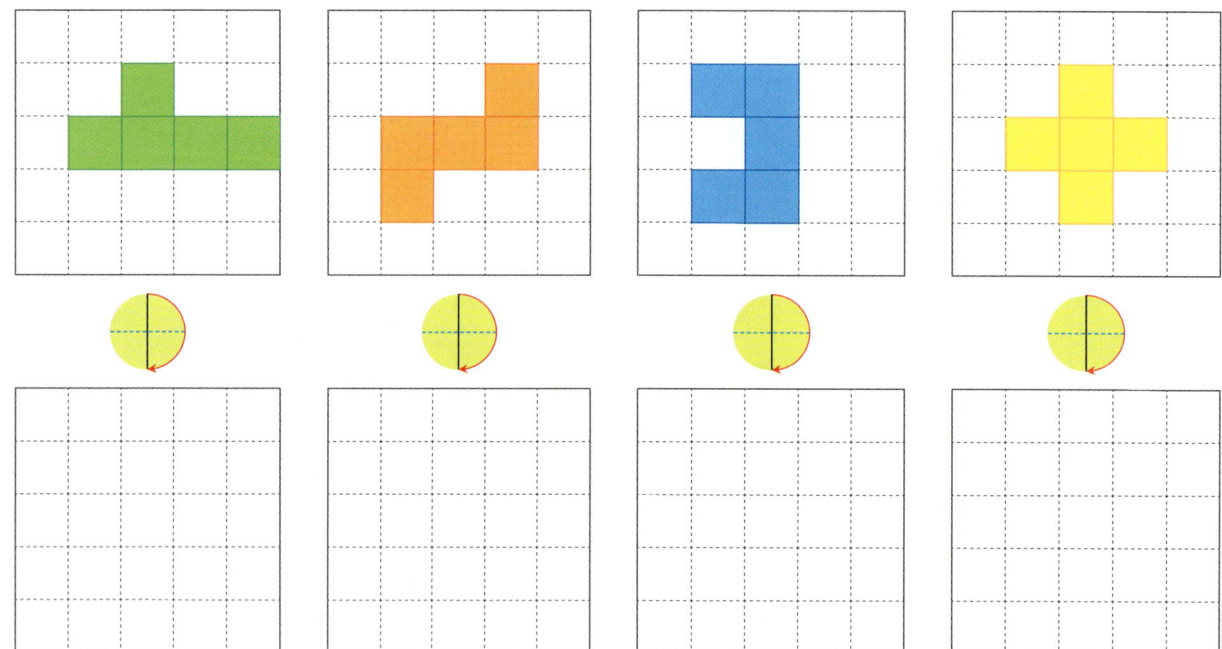

❷ 와 같이 돌렸을 때 처음과 같은 도형에 모두 ◯표 하시오.

1 주어진 모양을 돌렸을 때 나올 수 있는 모양이 아닌 것에 ✕표 하시오.

이것도 몰라!

직각만큼 돌리면서 확인
해 보면 쉽지.

[무늬 완성]

2 아인이는 돌리기를 사용하여 ◣ 모양으로 다음과 같은 무늬를 만들었습니다. 주
어진 모양을 사용하여 아인이와 같은 규칙으로 무늬를 완성하시오.

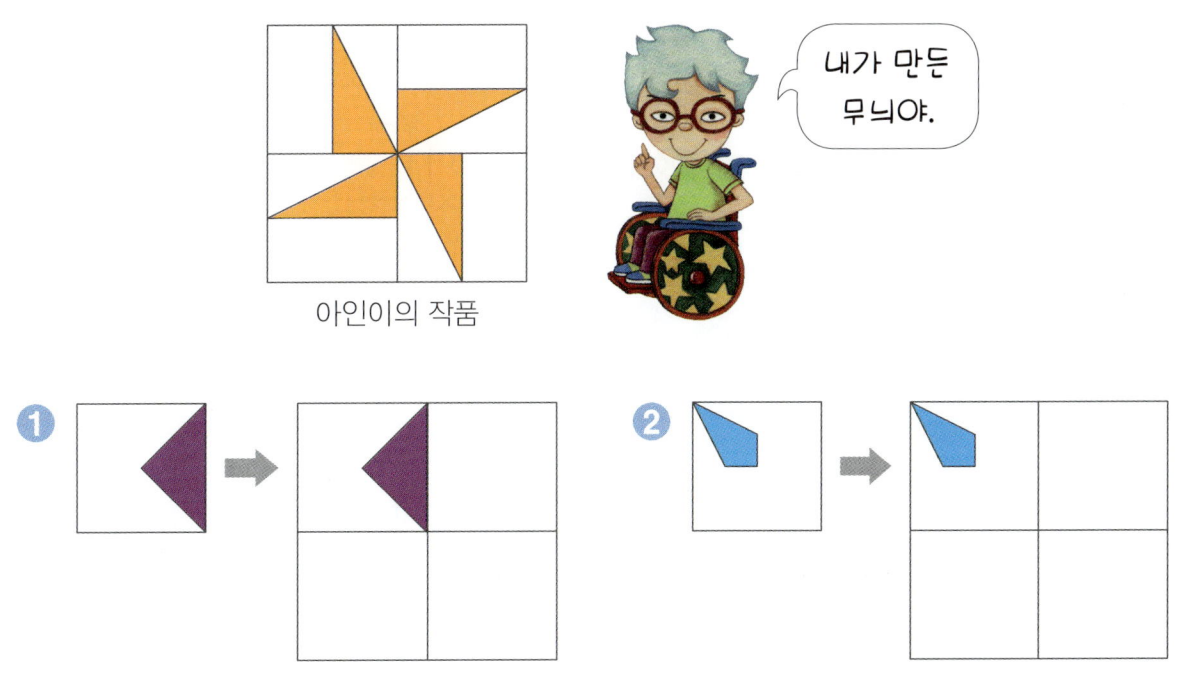

아인이의 작품

내가 만든
무늬야.

 # 돌리고 돌리기

주어진 도형을 다음과 같이 돌렸을 때 나오는 모양을 그려 봅시다.

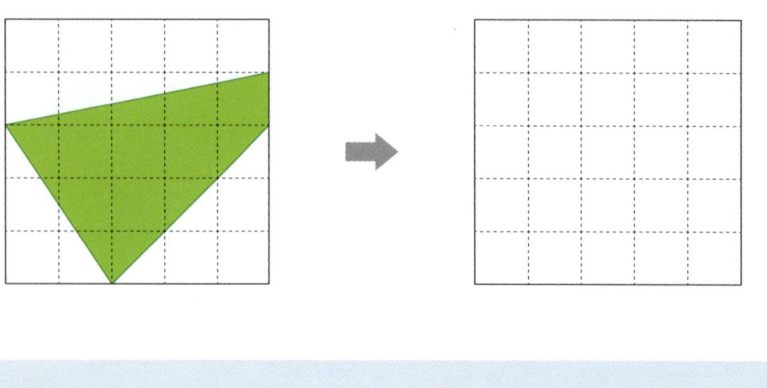

❶ ⊕와 같이 4번 돌린 것은 ⊕와 같이 1번 돌린 것과 같습니다.

따라서 ⊕와 같이 5번 돌린 것은 ⊕와 같이 ☐번 돌린 것과 같습니다.

❷ ⊕와 같이 2번 돌린 것은 ⊕와 같이 1번 돌린 것과 같습니다.

따라서 ⊕와 같이 7번 돌린 것은 ⊕와 같이 ☐번 돌린 것과 같습니다.

❸ 다음 도형을 완성하시오.

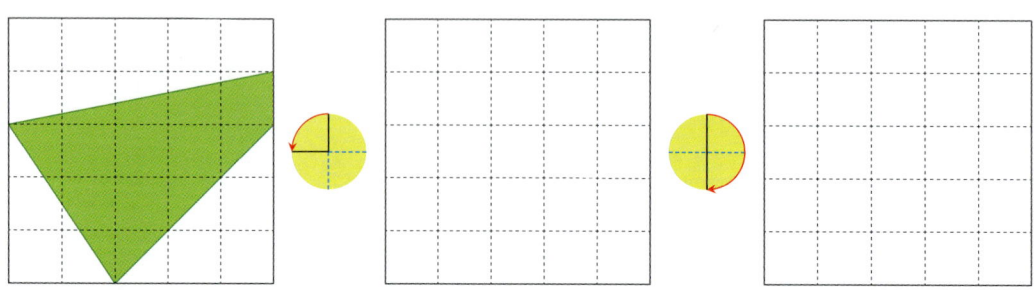

[사다리 타기]

도형이 사다리를 타고 내려오면서 여러 방향으로 돌아갑니다. 빈 곳에 알맞은 도형을 그리시오.

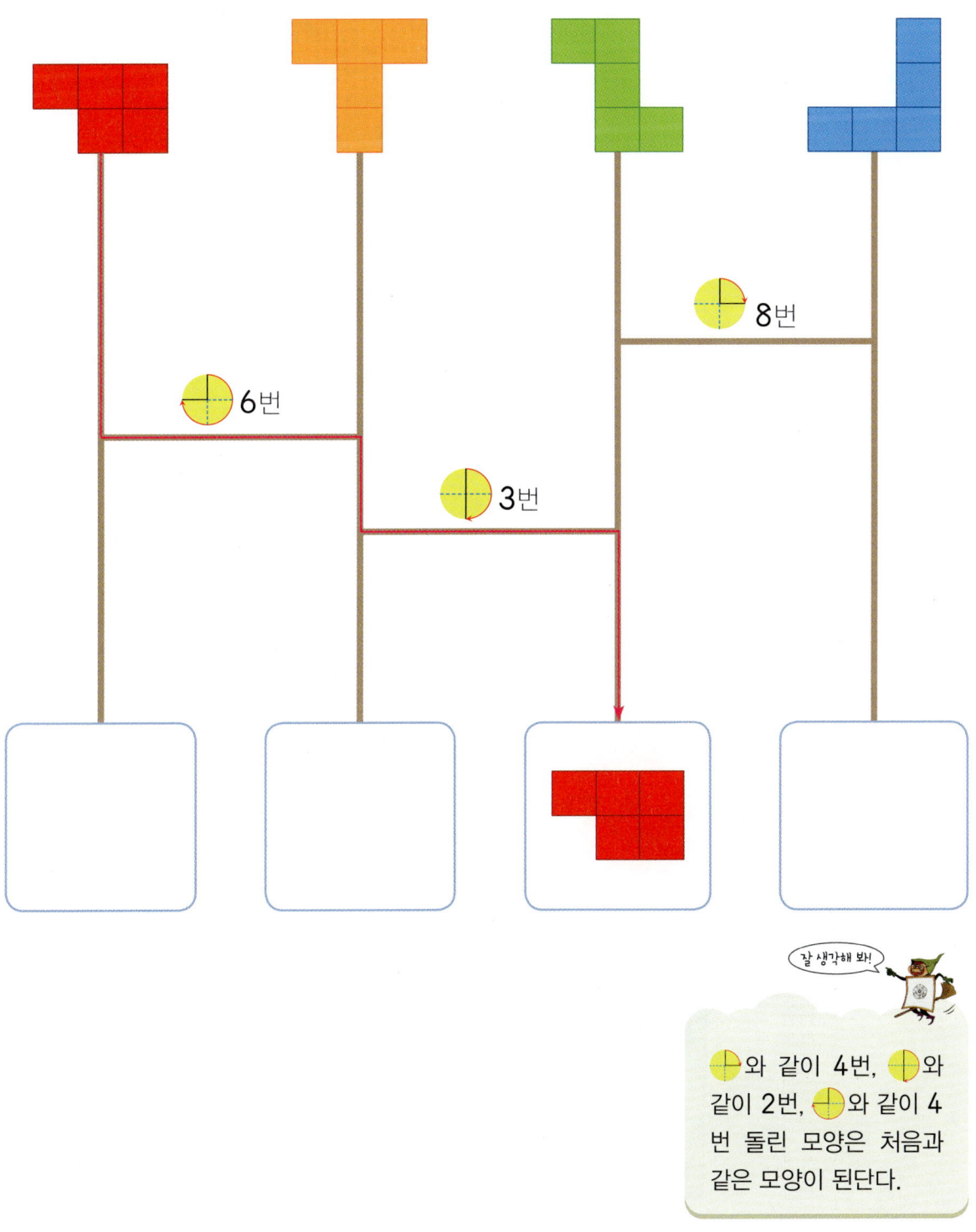

잘 생각해 봐!

와 같이 4번, 와 같이 2번, 와 같이 4번 돌린 모양은 처음과 같은 모양이 된단다.

도형 뒤집기

태경이는 반으로 접은 색종이에 그림을 그린 다음 가위로 잘라서 여러 가지 재미 있는 모양을 만들고 있습니다.

태경이가 선을 따라 색종이를 자른 다음 펼쳤을 때 나오는 모양을 그려 보시오.

⊙ 주어진 도형을 왼쪽, 오른쪽, 위쪽, 아래쪽으로 뒤집은 도형을 각각 그려 보시오.

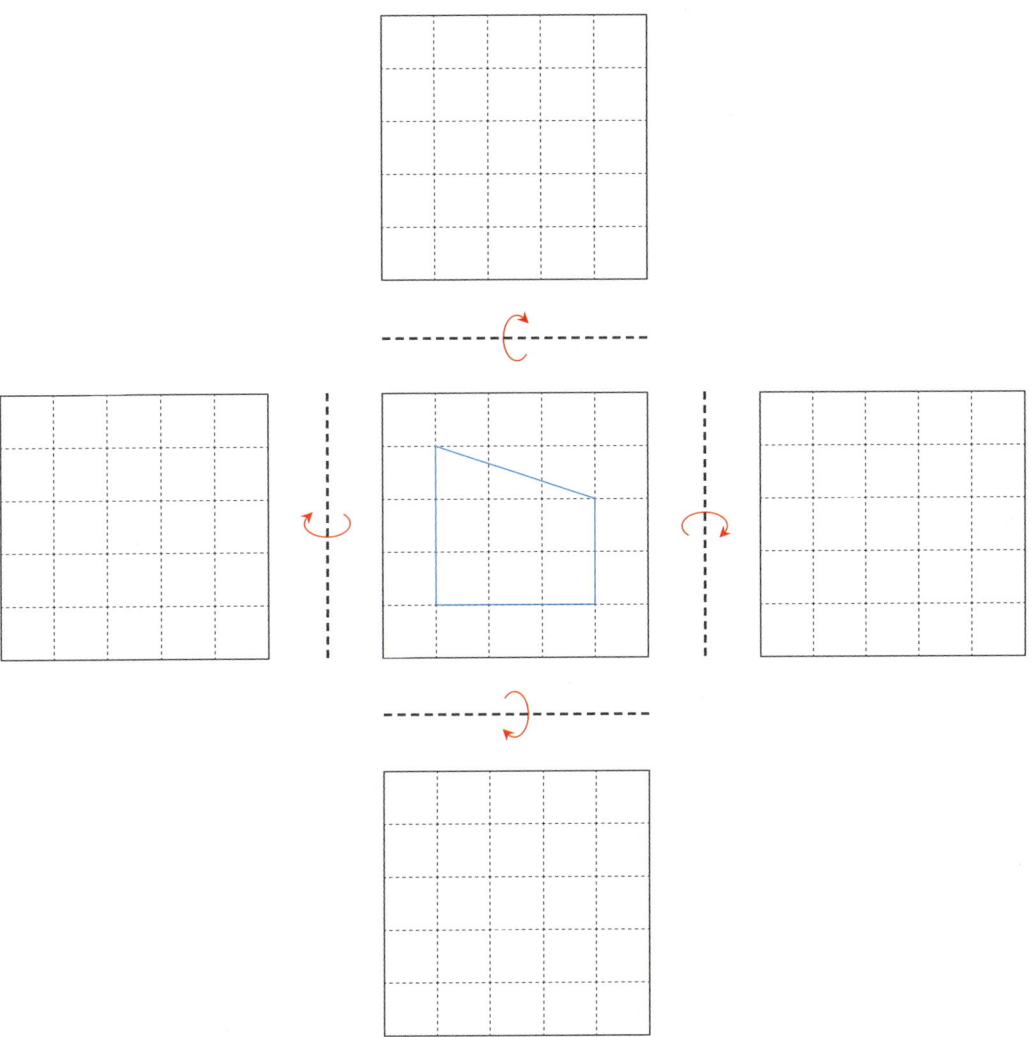

도형을 약속에 따라 왼쪽과 오른쪽, 위쪽과 아래쪽으로
뒤집을 수 있습니다.

① ╫, ╫은 도형을 오른쪽, 왼쪽으로 뒤집는 것이고,
   ╌ℂ╌, ╌ℂ╌은 도형을 위쪽, 아래쪽으로 뒤집는 것입니다.
② 도형을 오른쪽 또는 왼쪽으로 뒤집으면 도형의 왼쪽과
   오른쪽이 바뀝니다.
③ 도형을 위쪽 또는 아래쪽으로 뒤집으면 도형의 위쪽과
   아래쪽이 바뀝니다.

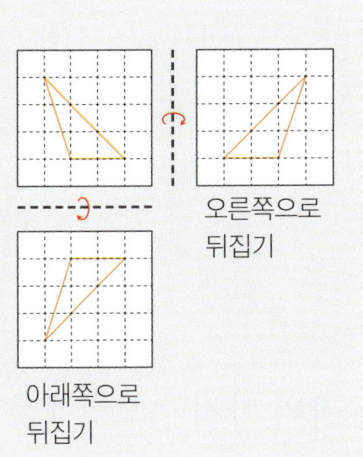

오른쪽으로
뒤집기

아래쪽으로
뒤집기

뒤집은 모양

수 배열표 위에 초록색 셀로판지를 올려놓았습니다. 이 셀로판지를 직선 가를 기준으로 오른쪽으로 한 번 뒤집은 다음, 직선 나를 기준으로 아래쪽으로 한 번 뒤집습니다. 초록색 셀로판지에 비치는 수의 합을 구해 봅시다.

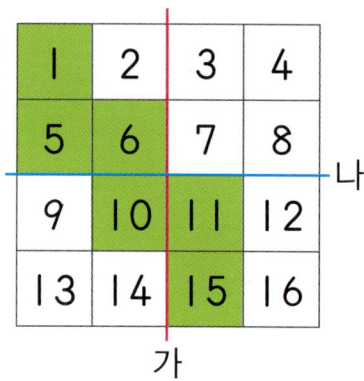

❶ 셀로판지를 직선 가를 기준으로 오른쪽으로 뒤집은 모양을 그려 보시오.
그린 모양을 다시 직선 나를 기준으로 아래쪽으로 뒤집은 모양을 그려 보시오.

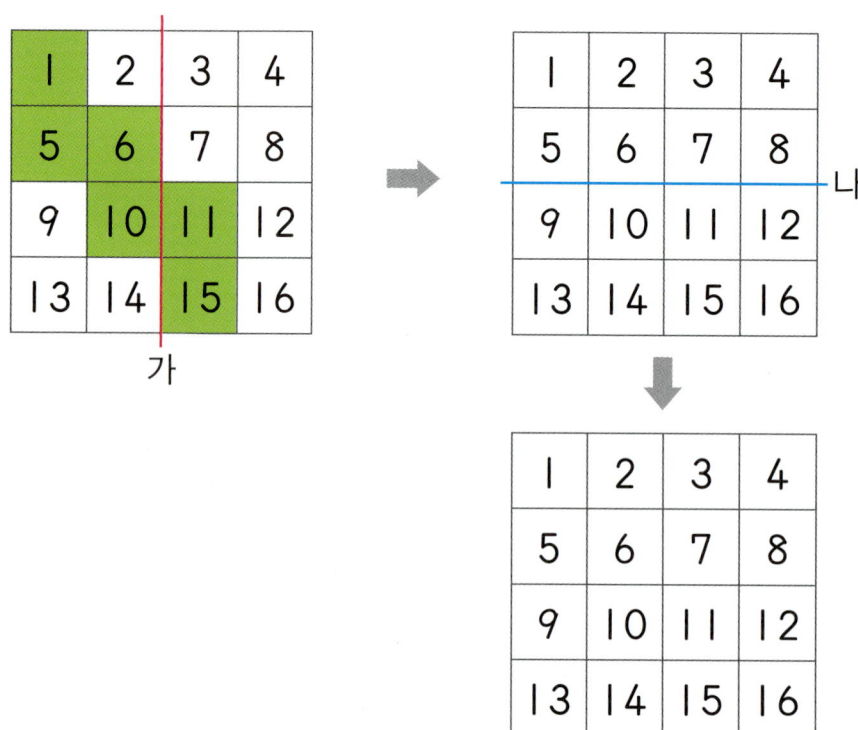

❷ ❶의 마지막 모양에서 셀로판지에 비치는 수의 합을 구하시오.

[비스듬히 뒤집기]

1 다음 도형을 비스듬히 뒤집었을 때의 도형을 그려 보시오.

①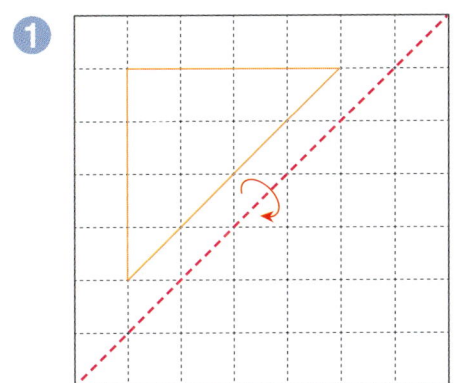

②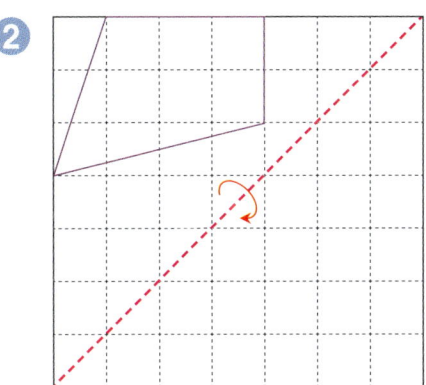

[뒤집고 뒤집기]

2 주어진 방법으로 순서대로 뒤집었을 때 나오는 도형을 그려 보시오.

오른쪽으로 **7**번 뒤집기 → 아래쪽으로 **12**번 뒤집기

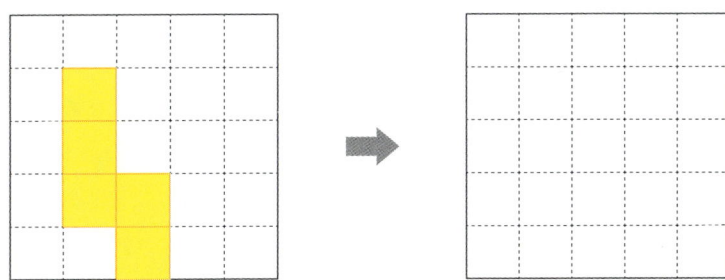

같은 방향으로 짝수 번 뒤집으면 처음과 같은 도형이 된단다.

합쳐진 모양

지오는 점선 위에 거울을 올려놓고 화살표 방향에서 보았습니다. 다음은 거울 속의 모양과 종이 위의 모양이 합쳐진 모양을 그린 것입니다.

준비물 거울

거울을 놓는 위치에 따라 모양이 달라지지.

다음 도형 위에 여러 방향으로 거울을 놓았을 때 생기는 모양을 지오와 같은 방법으로 그려 보시오.

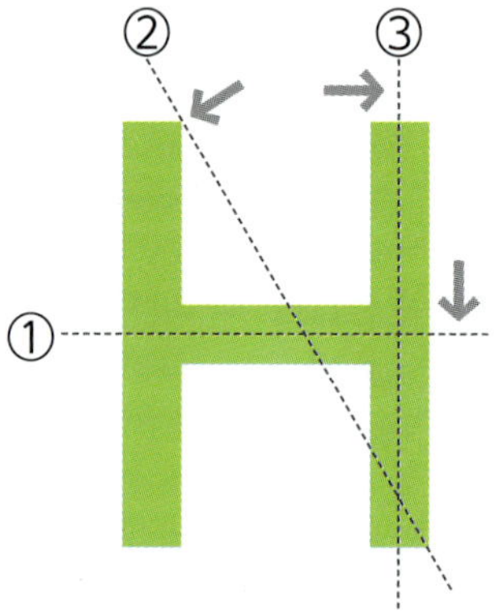

②   ③

①

①

②

③

이것도 몰라!

거울에 비친 부분만 뒤집어서 생각해 보면 된다는 사실을 알까?

[색칠하기]

1 점선 위에 거울을 올려놓고 화살표 방향에서 보았을 때 보이는 모양을 색칠하여 나타내시오.

준비물 거울

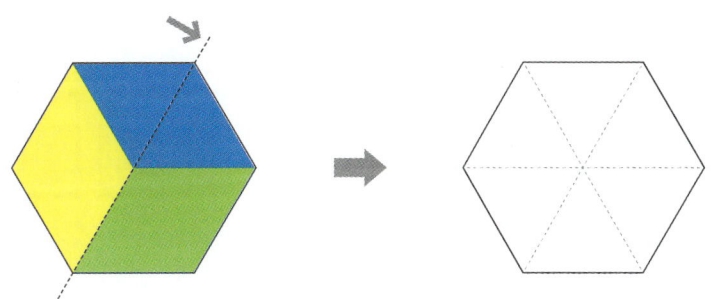

[점의 개수]

2 점선 위에 거울을 올려놓고 화살표 방향에서 보았을 때 거울에 비치는 점과 종이 위의 점의 개수의 합을 ◻ 안에 쓰시오.

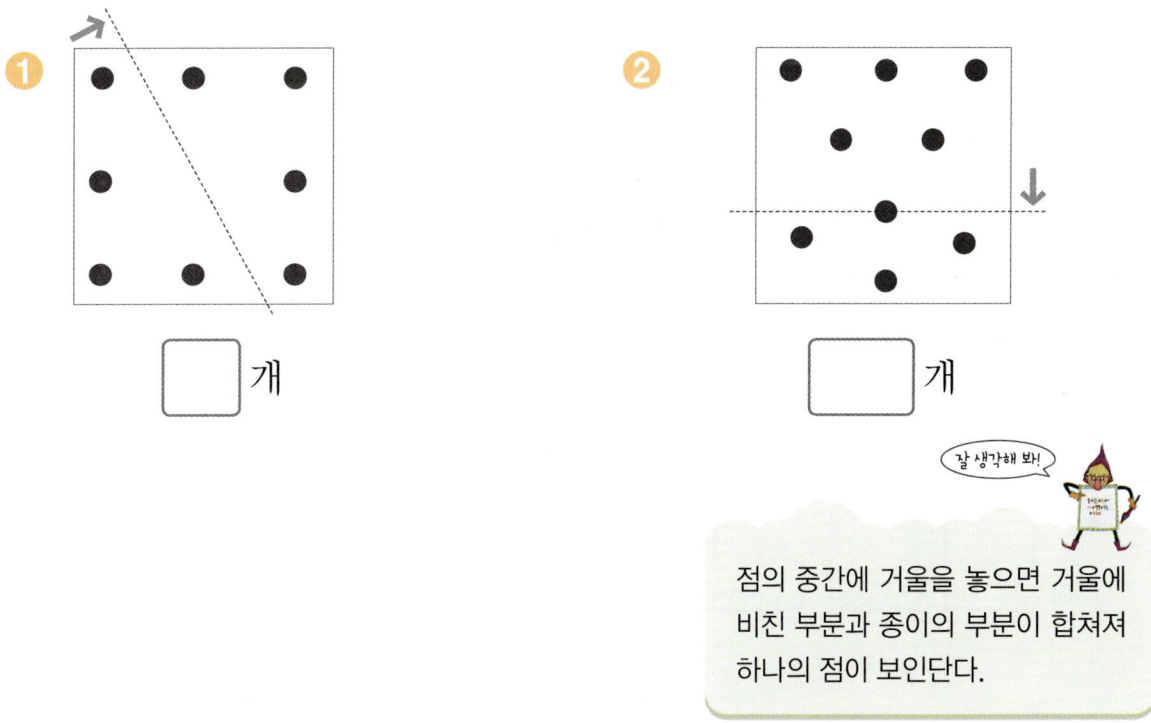

❶ ◻ 개

❷ ◻ 개

잘 생각해 봐!

점의 중간에 거울을 놓으면 거울에 비친 부분과 종이의 부분이 합쳐져 하나의 점이 보인단다.

6 문자와 숫자

투명한 셀로판지로 만든 디지털 숫자 카드가 있습니다. 꼬마 요괴의 문제를 듣고
10장의 카드 중 알맞은 카드를 찾아 쓰시오.

위쪽으로 뒤집어도 숫
자가 되는 카드를 모두
골라 봐.

 와 같이 돌려도 숫자
가 되는 카드를 모두 골
라 봐.

카드를 오른쪽으로 뒤집
어도 숫자가 되는 카드를
모두 골라 봐.

수 카드를  와 같이 돌렸을 때 나타나는 수를 써 보시오.

19 ➡ [   ]

68 ➡ [   ]

숫자를 하나씩 돌리지 말고, 수 카드 전체를 돌려 봐.

수 카드를 다음과 같이 움직였을 때 나타나는 수를 써 보시오.

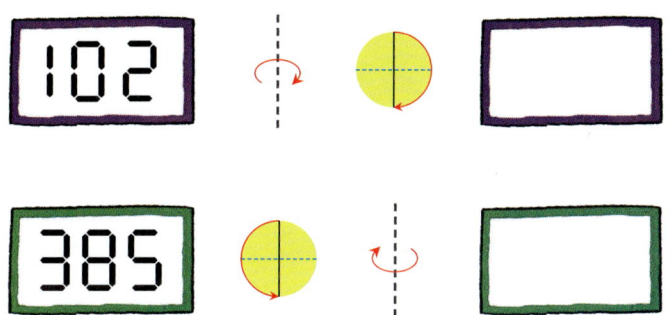

102 ➡ [   ]

385 ➡ [   ]

노크 포인트

① 문자와 숫자 중에는 와 같이 돌려도 문자나 숫자가 되는 경우가 있습니다.

H ↔ H, M ↔ W, ㄹ ↔ ㄹ, ㅁ ↔ ㅁ, S ↔ S, 6 ↔ 9

② 문자와 숫자 중에는 뒤집어도 문자나 숫자가 되는 경우가 있습니다.

A ↔ A, X ↔ X, ㅂ ↔ ㅂ, ㅈ ↔ ㅈ, ㄹ ↔ S, 8 ↔ 8

 **뒤집어도 돌려도**

다음 알파벳을 보고 물음에 답하시오.

준비물 거울

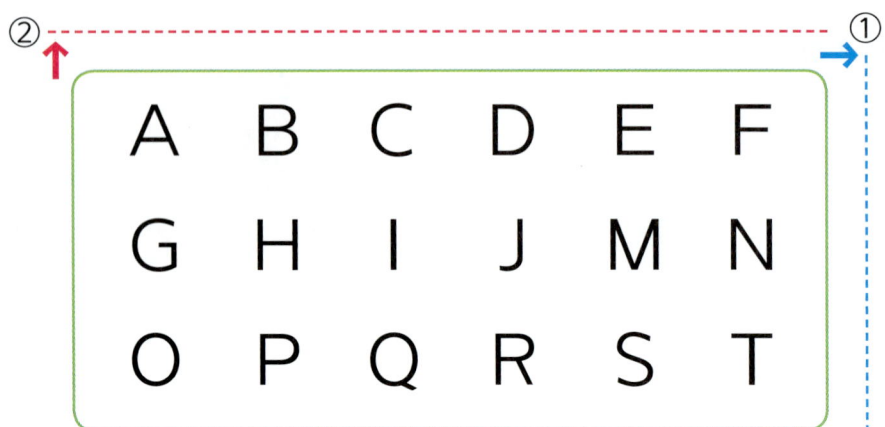

② - ①

A	B	C	D	E	F
G	H	I	J	M	N
O	P	Q	R	S	T

❶ ①의 위치에 거울을 올려놓고 화살표 방향에서 보았을 때, 거울 속의 모양이 원래의 모양과 같은 알파벳을 위에서 찾아 모두 쓰시오.

❷ ②의 위치에 거울을 올려놓고 화살표 방향에서 보았을 때, 거울 속의 모양이 원래의 모양과 같은 알파벳을 위에서 찾아 모두 쓰시오.

❸ 와 같이 돌렸을 때 나오는 모양이 원래의 모양과 같은 알파벳을 위에서 찾아 모두 쓰시오.

1 한글의 자음과 모음을 쓴 것입니다. 다음 물음에 답하시오.  준비물 거울

① ①의 위치와 ②의 위치에 각각 거울을 올려놓고 화살표 방향에서 보았을 때, 거울 속의 모양이 모두 원래의 모양과 같은 자음을 모두 찾아 쓰시오.

② 자음 ㄱ을 🔵와 같이 돌렸을 때 나오는 모양과 같은 자음을 쓰시오.

③ 🔵와 같이 돌렸을 때 나오는 모양이 서로 뒤바뀌는 모음끼리 짝지어 보시오.

글자 뒤집고, 돌리고

태경이는 학교 미술 시간에 조각칼을 사용하여 다음과 같은 도장을 만들었습니다.

내가 만든 도장 멋지지~

태경

초이, 지오, 아인이도 태경이와 같은 방법으로 도장을 만들려고 합니다. 도장을 찍은 글자를 보고 조각칼로 새겨야 하는 모양을 나타내시오.

잘 생각해 봐!

도장을 찍은 모양은 도장의 모양을 옆으로 뒤집은 모양과 같단다.

1 꼬마 요괴들이 말하는 방법으로 움직여도 글자가 되는 카드를 찾아 빈 카드에 나타내시오.

 # 창의적 문제해결력

1 다음 도형을 아래로 뒤집은 다음 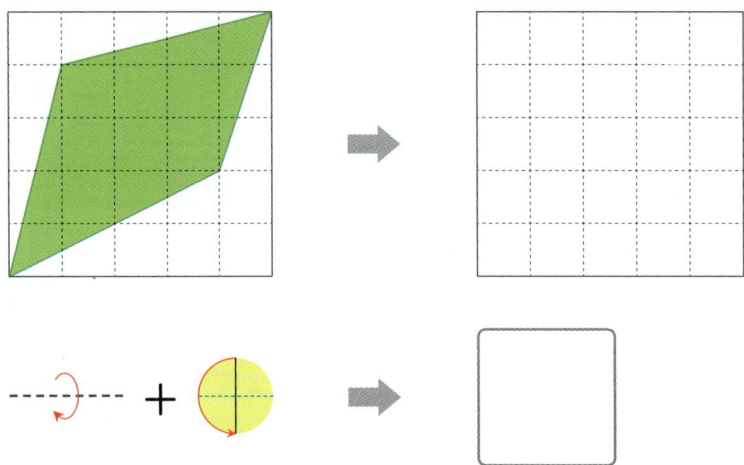와 같이 돌린 모양을 그려 보시오. 또, 한 번
만 움직여서 같은 모양을 만들려면 어떻게 움직여야 하는지 나타내시오.

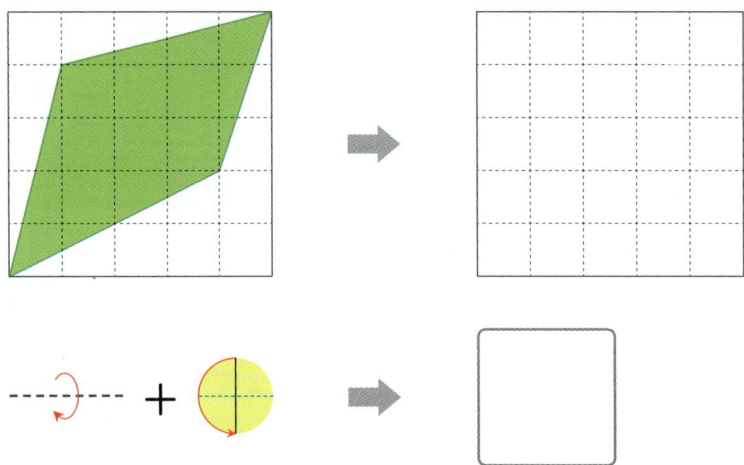

2 다음 모양을 와 같이 돌려서 나타나는 모양을 모두 오른쪽
모눈 위에 겹쳐서 색칠하여 나타내었습니다. 색칠하지 않은 칸은 모두 몇 개인
지 구하시오.

3 도형을 주어진 방법에 따라 움직였습니다. 각 모양과 관계있는 글자를 찾아 차례로 쓰시오.

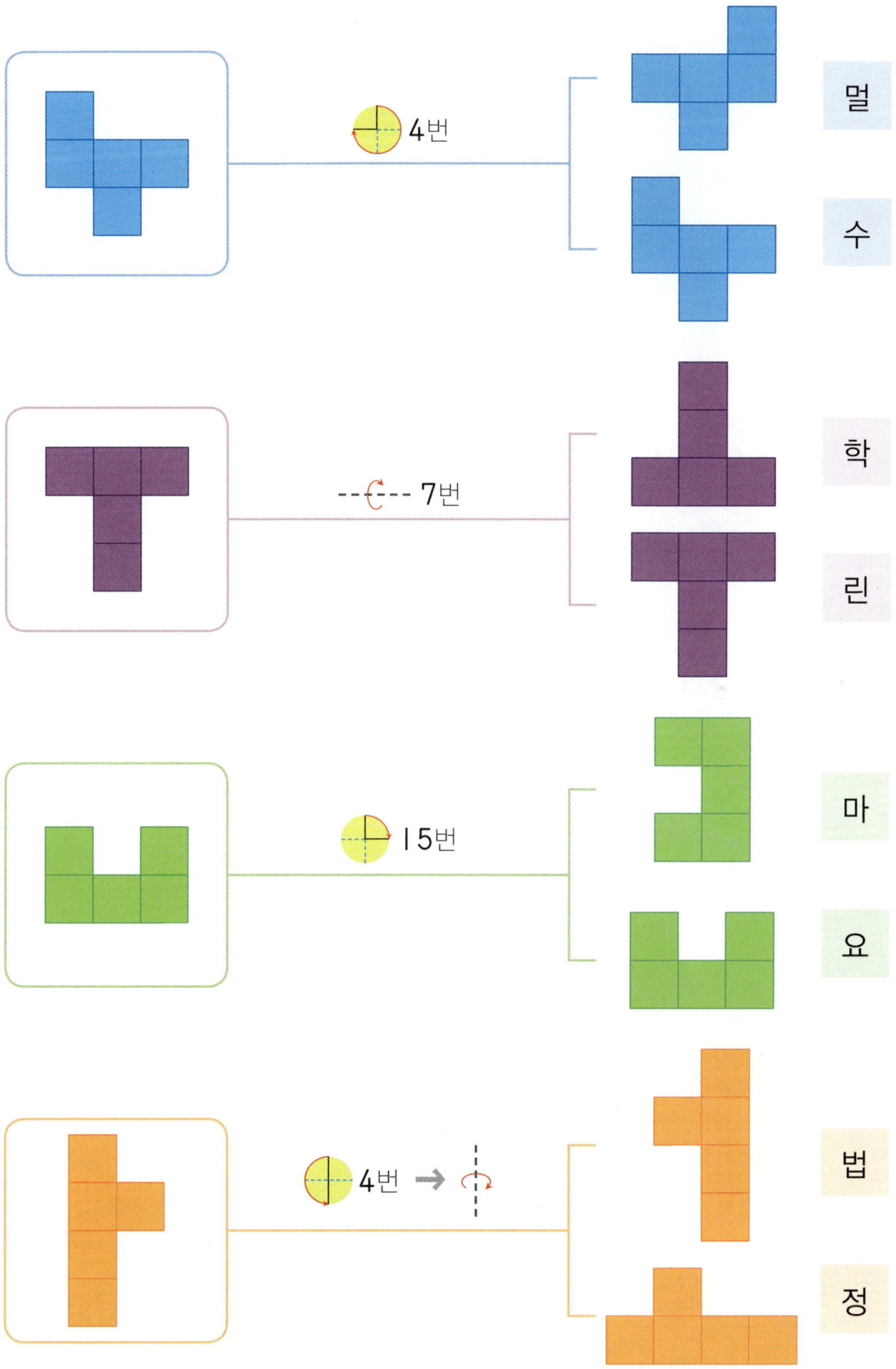

멀

수

학

린

마

요

법

정

Chapter 3

도형의 개수

도형의 개수

주어진 그림에 선분 1개를 그은 후 선분을 따라 잘라서 모두 직각삼각형 4개로 만들면 대마왕의 성을 빠져나갈 수 있습니다. 직각삼각형 4개보다 더 많은 도형을 만들면 안 됩니다.

선분을 따라 잘라서 직각삼각형 4개를 만들려고 합니다. 잘라야 하는 선분을 1개 더 그어 보시오.

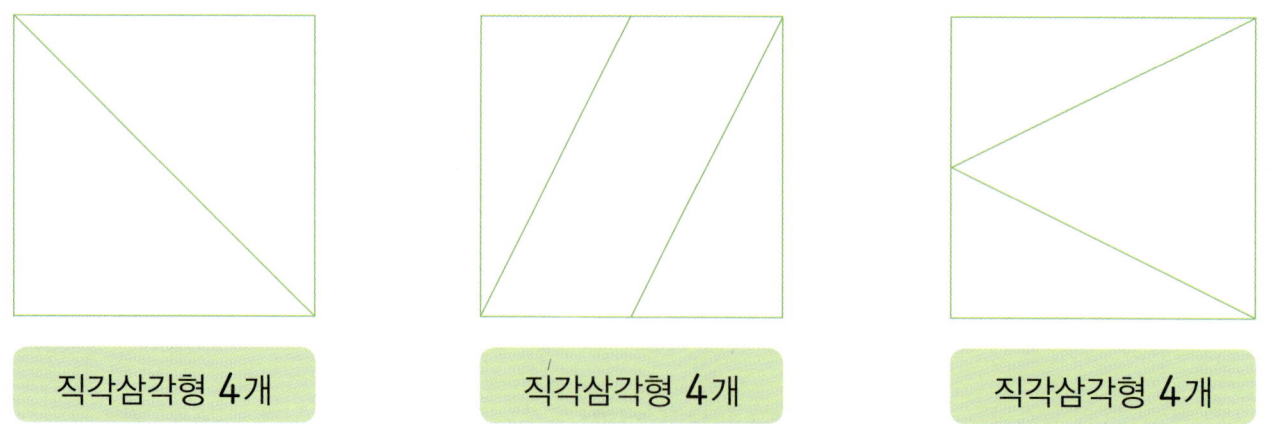

직각삼각형 4개   직각삼각형 4개   직각삼각형 4개

다음 도형에서 크고 작은 직각삼각형을 모두 찾아 그려 보시오.

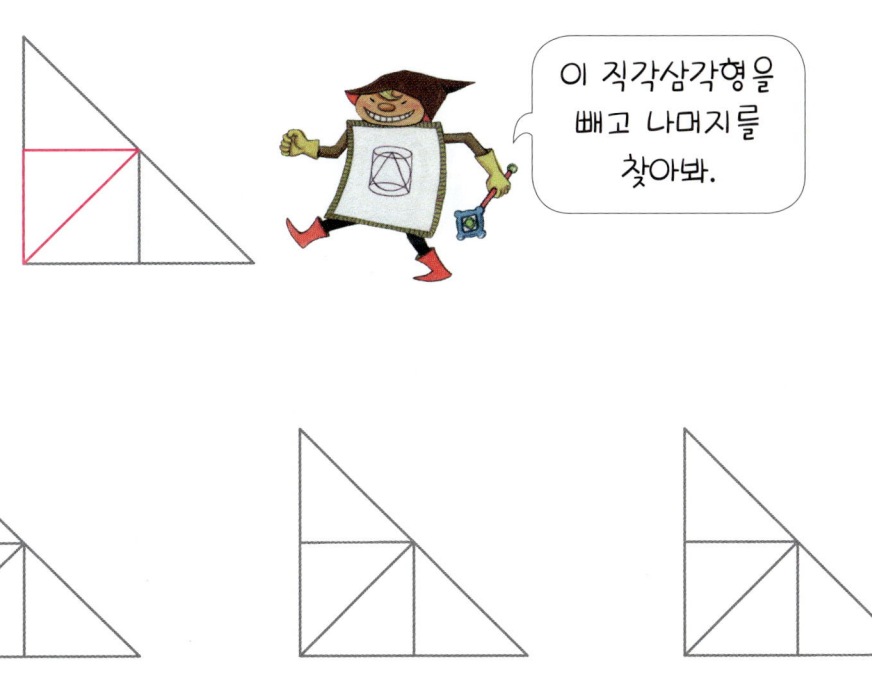

이 직각삼각형을 빼고 나머지를 찾아봐.

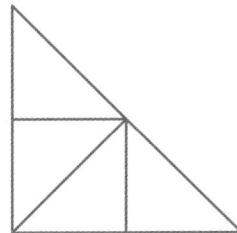
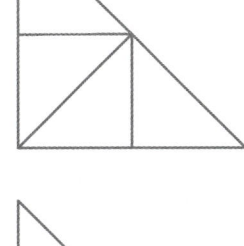
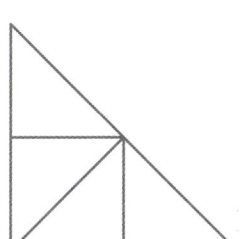
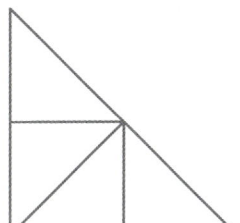

① 종이를 선을 따라 잘랐을 때 다음과 같은 도형을 찾을 수 있습니다.

직사각형 **1**개
삼각형 **4**개

② 다음 모양에서 찾을 수 있는 크고 작은 직사각형과 삼각형은 다음과 같습니다.

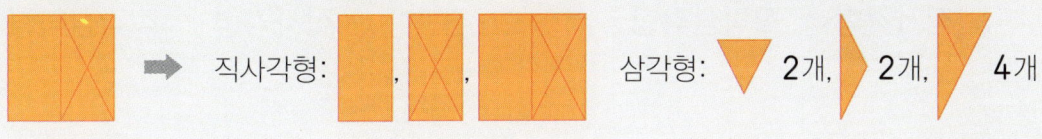

자른 도형의 개수

초이는 색종이를 잘라 직사각형과 직각삼각형을 만들고 있습니다. 색종이를 선을 따라 잘랐을 때 생기는 직사각형과 직각삼각형의 개수를 쓰시오.

 정사각형을 직사각형이라고 말할 수 있으니까 직사각형의 개수를 셀 때에는 정사각형의 개수도 세야 하는 거야.

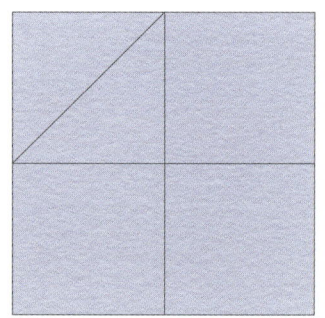

직사각형	직각삼각형

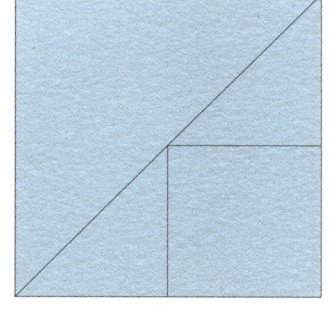

직사각형	직각삼각형

직사각형	직각삼각형

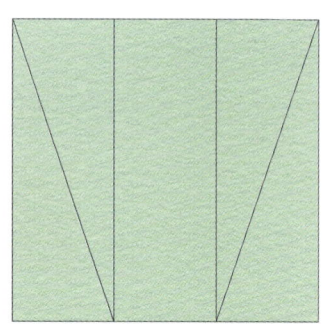

직사각형	직각삼각형

[자르기]
1 다음 종이를 선을 따라 잘랐을 때 생기는 직사각형과 직각삼각형의 개수를 쓰시오.

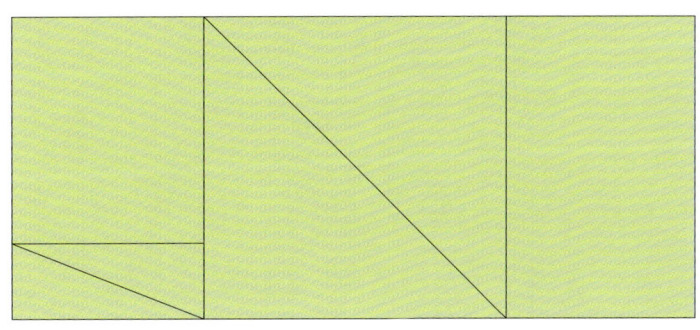

직사각형: ☐ 개   직각삼각형: ☐ 개

[선 긋기]
2 선을 따라 색종이를 잘라 주어진 개수의 직각삼각형을 만들려고 합니다. 종이 위에 자르는 선을 그어 보시오.

여러 번 잘라도 되지만 남은 조각은 없어야 돼.

직각삼각형 3개   직각삼각형 6개

크고 작은 도형의 개수

직사각형 3개를 겹쳐서 그렸습니다. 선을 따라 그릴 수 있는 직사각형의 개수를 구해 봅시다.

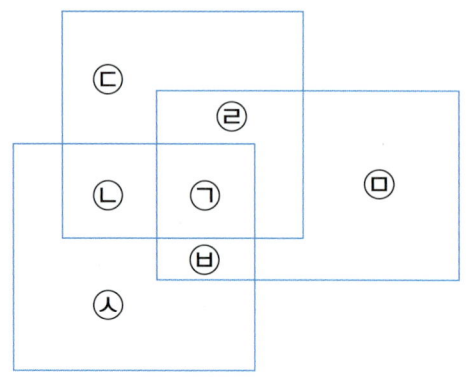

❶ ㉠과 같이 1칸으로 이루어진 직사각형을 찾아 기호를 모두 쓰시오.

㉠, ☐ , ☐

❷ 2칸으로 이루어진 직사각형을 모두 쓰시오.

(㉠, ㉣), (☐ , ☐), (☐ , ☐)

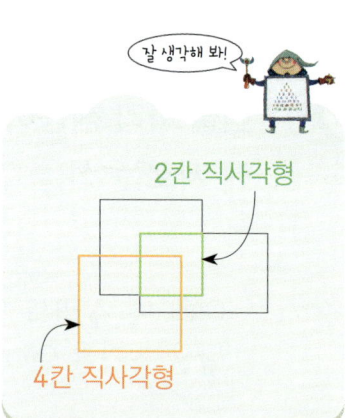

❸ 4칸으로 이루어진 직사각형을 모두 쓰시오.

(㉠, ㉡, ㉪, ㉼),

(☐ , ☐ , ☐ , ☐),

(☐ , ☐ , ☐ , ☐)

❹ 선을 따라 그릴 수 있는 직사각형은 모두 몇 개입니까?

1 다음 그림에서 찾을 수 있는 크고 작은 직각삼각형의 개수를 구하시오.

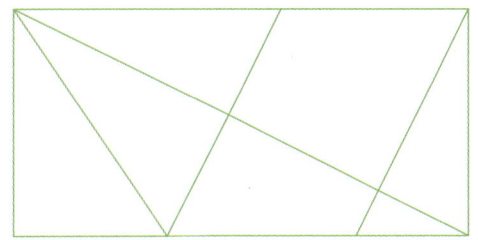

잘 생각해 봐!

직각인 부분을 먼저 찾고, ㅣ칸, 2칸, 3칸, 4칸으로 이루어진 직각삼각형으로 나누어 세어 보렴.

[더 많은 직사각형]

2 초이와 지오는 각자 자신의 도형에서 크고 작은 직사각형을 찾고 있습니다. 누가 몇 개 더 많이 찾을 수 있습니까?

초이

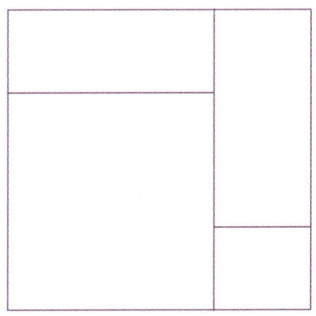

지오

8 사각형의 개수

지오와 울보 요괴가 다음 도형에서 크고 작은 직사각형을 찾아 세고 있습니다.

10개~

난 왜 4개만 보이지? 엉엉.

지오

울보 요괴

다음 도형에서 찾을 수 있는 크고 작은 직사각형의 개수를 세어 보시오.

1칸짜리: 4개   2칸짜리: ☐ 개

3칸짜리: ☐ 개   4칸짜리: ☐ 개

따라서 찾을 수 있는 크고 작은 직사각형은 모두 10개입니다.

지오와 울보 요괴가 센 직사각형의 개수가 다른 이유는 무엇인지 이야기해 보시오.

다음 도형에서 찾을 수 있는 사각형의 종류를 모두 그려 보시오.

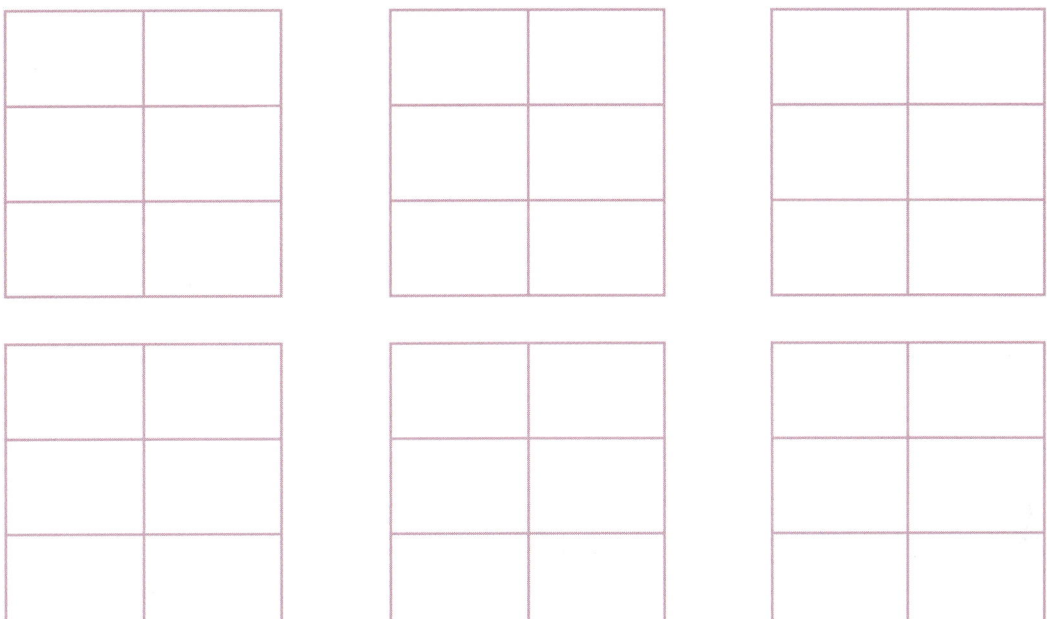

5칸짜리 사각형은 찾을 수가 없어. 엉엉~

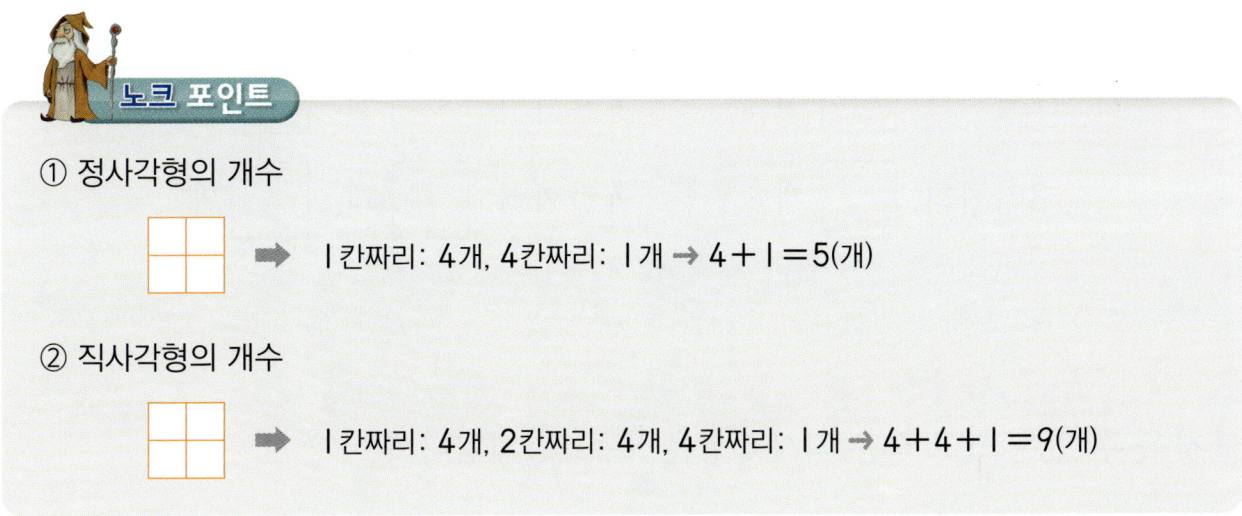

① 정사각형의 개수

➡ 1칸짜리: 4개, 4칸짜리: 1개 → 4+1=5(개)

② 직사각형의 개수

➡ 1칸짜리: 4개, 2칸짜리: 4개, 4칸짜리: 1개 → 4+4+1=9(개)

분류하여 세기

다음 도형에서 찾을 수 있는 크고 작은 직사각형의 개수를 구해 봅시다.

이것도 몰라!

□ 와 □□ 는 모두 2칸짜리지만 다른 직사각형이야.

❶ 도형에서 찾을 수 있는 직사각형의 종류를 모두 그려 보시오.

1칸

2칸

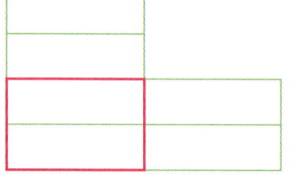

3칸

4칸

❷ ❶에서 그린 직사각형이 각각 몇 개씩 있는지 구하시오.

1칸짜리: ☐ 개   2칸짜리: ☐ 개, ☐ 개

3칸짜리: ☐ 개   4칸짜리: ☐ 개, ☐ 개

❸ 찾을 수 있는 크고 작은 직사각형은 모두 몇 개입니까?

1 다음 도형에서 찾을 수 있는 크고 작은 정사각형의 개수를 구하시오.

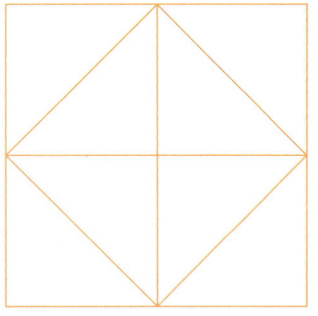

정사각형의 종류를 모두
찾아야 해.

[정사각형과 직사각형]

2 다음 도형에서 찾을 수 있는 정사각형과 직사각형의 개수를 각각 구하시오.

정사각형을 직사각형이라고
말할 수 있으니까 직사각형
의 개수를 셀 때에는 정사각
형의 개수도 세야 해.

규칙 찾아 세기

다음 도형에서 선을 따라 그릴 수 있는 정사각형의 개수를 구하시오.

한 칸짜리 정사각형은 4×4=16(개)란다.

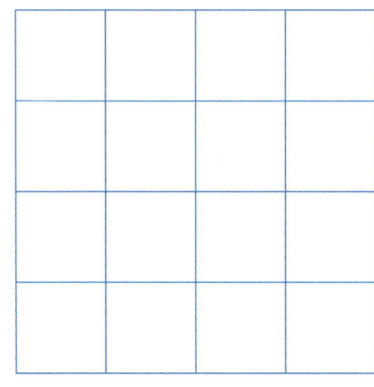

가장 큰 정사각형은 16칸짜리 1개야.

❶ 도형에서 찾을 수 있는 정사각형의 종류를 모두 쓰시오.

❷ ❶에서 찾은 정사각형의 개수와 개수를 세는 규칙을 찾아 다음 표를 완성하시오.

잘 생각해 봐!

정사각형의 개수를 세는 규칙을 곱셈식으로 나타내어 보렴.

정사각형의 종류	1칸짜리	4칸짜리		
개수	16			
규칙	4×4			

❸ 선을 따라 그릴 수 있는 정사각형은 모두 몇 개입니까?

1 다음 도형에서 찾을 수 있는 크고 작은 직사각형의 개수를 구하시오.

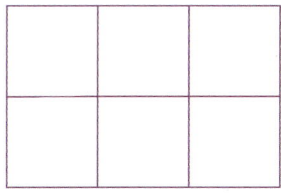

① 도형의 가로 한 줄에서 찾을 수 있는 크고 작은
직사각형의 개수를 구하시오.

② 도형의 세로 한 줄에서 찾을 수 있는 크고 작은
직사각형의 개수를 구하시오.

③ ①, ②에서 찾은 개수의 곱을 사용하여 위의 도형에서 찾을 수 있는 크
고 작은 직사각형의 개수를 구하시오.

$$\boxed{} \times \boxed{} = \boxed{} \text{(개)}$$

[개수의 차]

2 다음 도형에서 찾을 수 있는 정사각형과 직사각형의 개수의 차를 구하시오.

9 삼각형의 개수

잔디밭 위에 다음과 같이 말뚝이 박혀 있습니다. 아인이는 **3**개의 말뚝에 줄을 걸어 직각삼각형을 만들고 있습니다.

다른 직각삼각형이 또 있을까?

아인이가 만들 수 있는 크기와 모양이 다른 직각삼각형을 모두 그려 보시오.

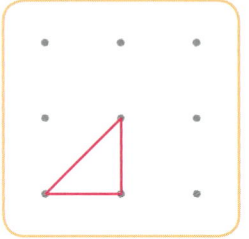
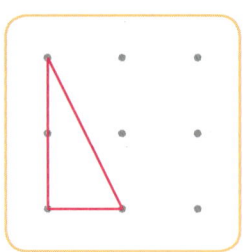
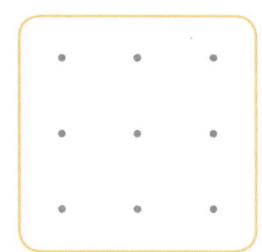
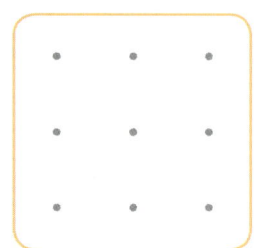

세 변의 길이가 모두 같은 삼각형을 정삼각형이라고 합니다. 다음 점을 이어서 주어진 개수만큼 정삼각형을 그려 보시오.

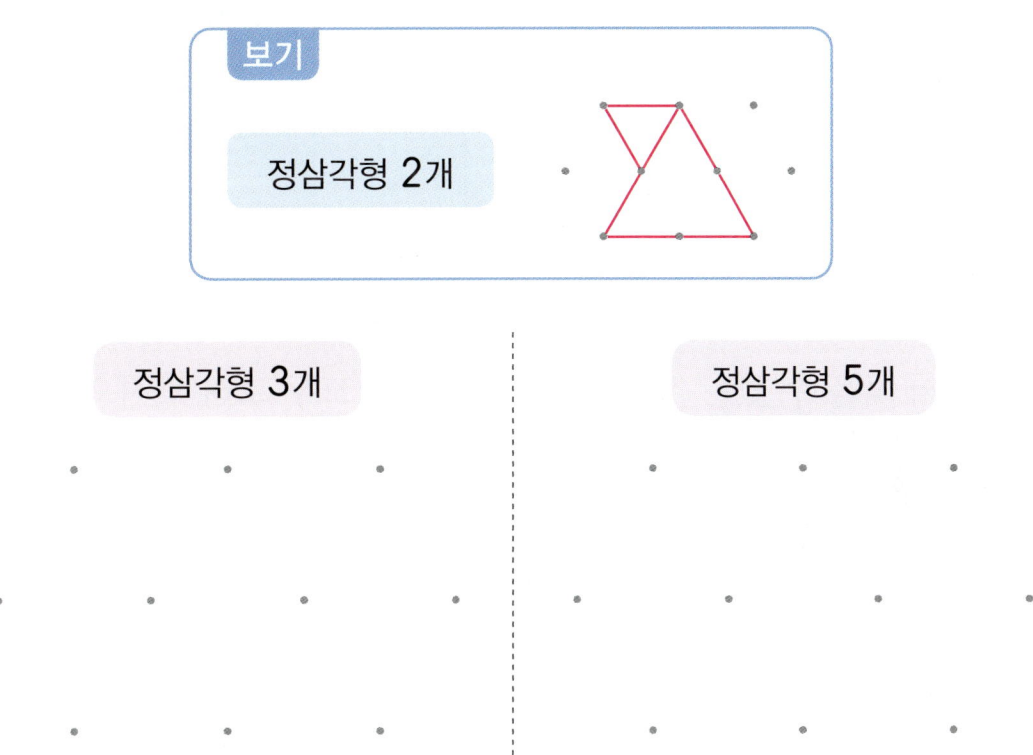

정삼각형 3개

정삼각형 5개

주어진 모양에서 찾을 수 있는 크고 작은 삼각형의 개수를 다음 순서에 따라 셀 수 있습니다.

① 삼각형의 종류를 모두 찾습니다.
② ①에서 찾은 삼각형이 몇 개씩 있는지 개수를 셉니다. 이때, 오른쪽과 같이 뒤집혀 있는 삼각형을 잊지 않고 세어야 합니다.
③ 종류별 삼각형의 개수를 모두 더합니다.

직각삼각형의 개수

다음 도형에서 찾을 수 있는 크고 작은 직각삼각형의 개수를 구하시오.

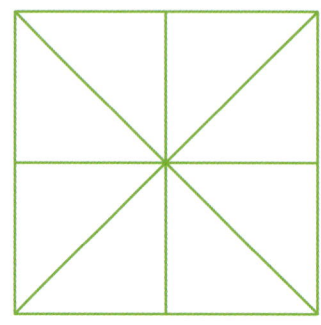

종류별로 세어 봐야지.

❶ 도형에서 찾을 수 있는 직각삼각형의 종류를 모두 그려 보시오.

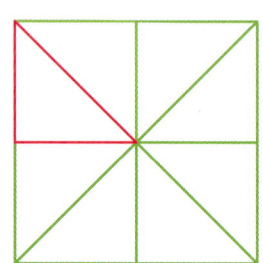 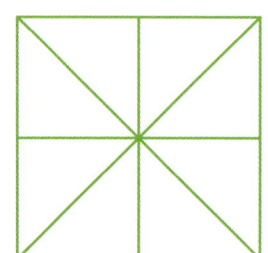 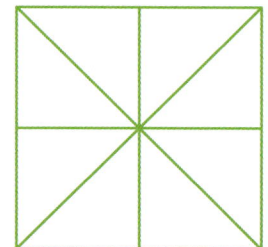

❷ ❶에서 그린 직각삼각형의 개수를 각각 세어 다음 표를 완성하시오.

직각삼각형의 종류	◺		
개수	8		

잘 생각해 봐!

꼭짓점을 기준으로 직각삼각형의 개수를 세면 좀 더 쉽게 셀 수 있어.

❸ 찾을 수 있는 크고 작은 직각삼각형은 모두 몇 개입니까?

1 오른쪽 도형에서 찾을 수 있는 직각삼각형의 종류를 모두 그려 보시오.

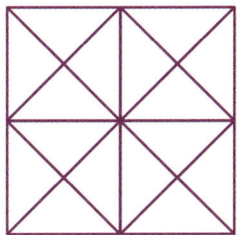

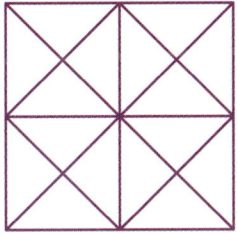
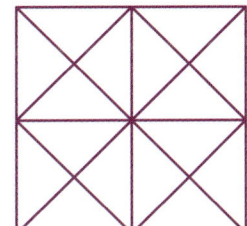
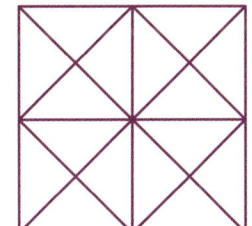
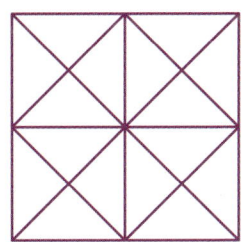

잘 생각해 봐!

|칸짜리, 2칸짜리, 4칸짜리, 8칸짜리 직각삼각형이 있어.

[직각삼각형의 개수]
2 다음 도형에서 찾을 수 있는 크고 작은 직각삼각형의 개수를 구하시오.

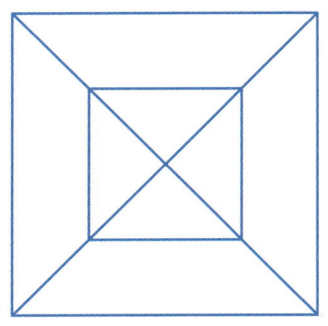

이것도 몰라!

직각삼각형의 종류를 먼저 찾아야 해.

정삼각형의 개수

다음 도형은 정삼각형 16개를 사용하여 만든 것입니다. 이 도형에서 찾을 수 있는 크고 작은 정삼각형의 개수를 구하시오.

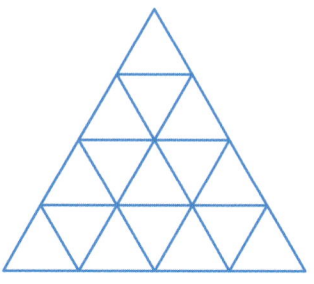

❶ 도형에서 찾을 수 있는 정삼각형의 종류를 모두 그려 보시오.

세 변의 길이가 모두 같은 삼각형을 정삼각형이라고 한다.

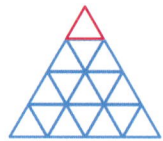   

❷ ❶에서 그린 정삼각형의 개수를 각각 세어 다음 표를 완성하시오.

정삼각형의 종류	△	
개수	16	
정삼각형의 종류		
개수		

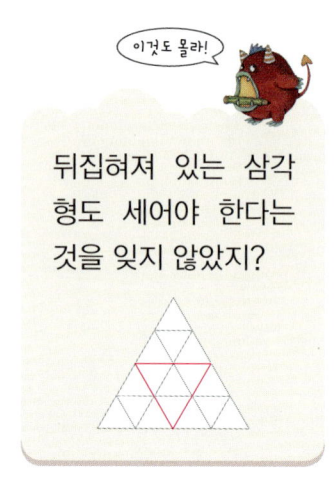

뒤집혀 있는 삼각형도 세어야 한다는 것을 잊지 않았지?

❸ 찾을 수 있는 크고 작은 정삼각형은 모두 몇 개입니까?

1 [벌집]
정삼각형 18개를 사용하여 다음과 같은 벌집 모양을 만들었습니다. 벌집에서 찾을 수 있는 크고 작은 정삼각형의 개수를 구하시오.

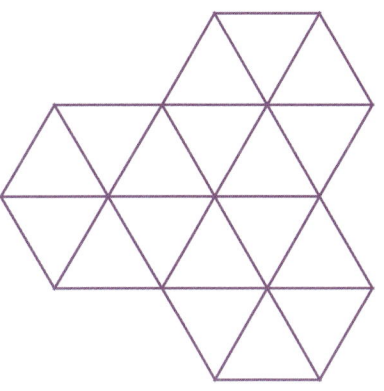

2 [찾을 수 있는 정삼각형]
정삼각형 11개를 사용하여 만든 다음 모양에서 찾을 수 있는 크고 작은 정삼각형의 개수를 구하시오.

1 점 종이 위의 4개의 점을 이어 정사각형을 그리려고 합니다. 그릴 수 있는 크고 작은 정사각형의 개수를 구하시오.

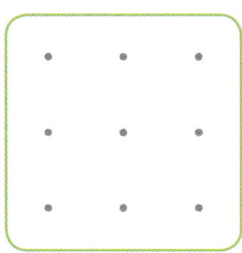

2 다음 도형에서 찾을 수 있는 직각삼각형과 직사각형의 개수를 각각 구하시오.

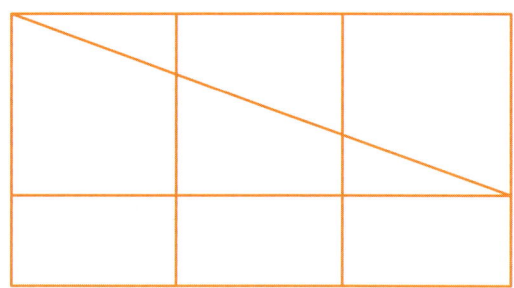

3 다음과 같이 정사각형 모양 색종이를 3번 접었습니다. 색종이를 다시 펼쳤을 때, 접은 선을 따라 그릴 수 있는 직사각형의 개수를 구하시오.

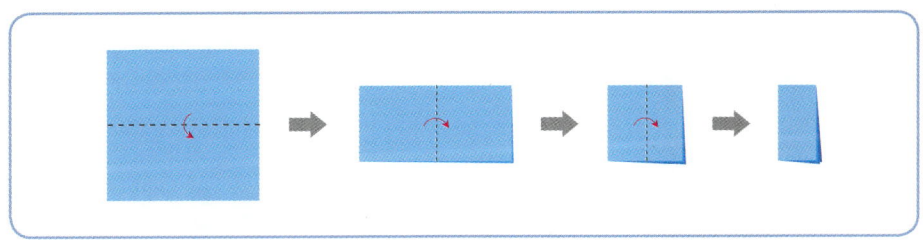

4 다음 도형에서 찾을 수 있는 크고 작은 정삼각형의 개수를 구하시오.

정삼각형 1칸짜리, 4칸짜리, 9칸짜리 3종류밖에 없어.

붙이기 나누기

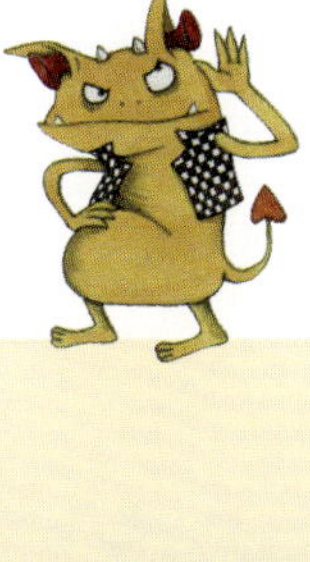

폴리오미노

헨리 왕자가 프랑스의 귀족 루이와 체스를 하였습니다. 시합에서 질 것 같은 헨리 왕자는 지기 싫은 마음에 체스판을 바닥에 내리쳤고, 체스판은 산산이 부서졌습니다.

헨리

흥, 이번 시합 결과는 인정할 수 없어!

루이

체스판은 모두 13조각으로 나누어졌는데 정사각형 4개를 이어 붙인 테트라미노 1조각과 정사각형 5개를 이어 붙인 펜토미노 12조각이었습니다.

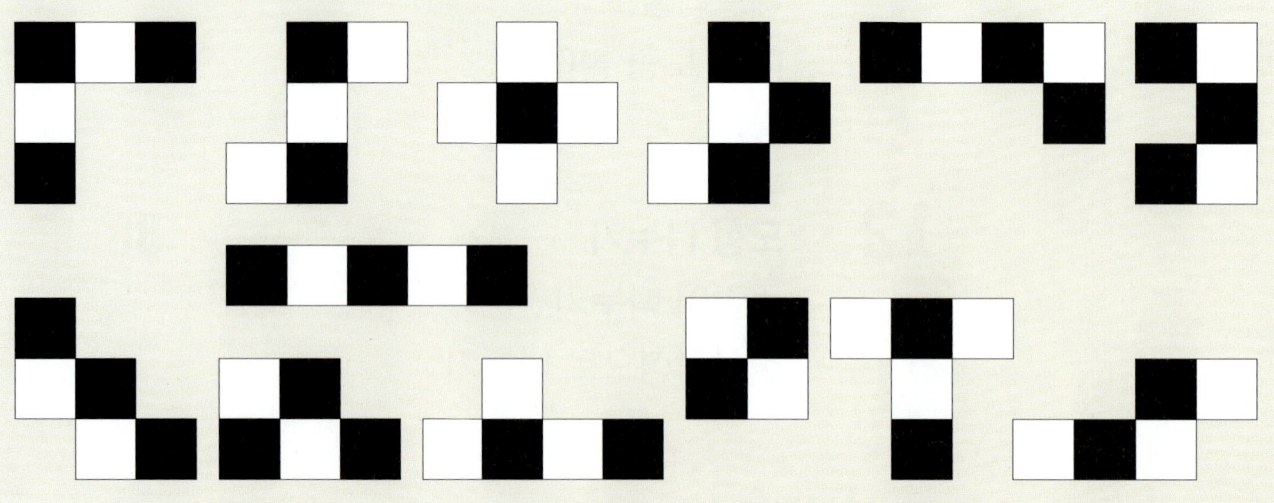

나누어진 13조각을 맞추어 체스판을 고쳐 봅시다. 조각을 어떻게 이어 붙여야 하는지 나타내어 보시오.

준비물 체스판 13조각

이걸 어떻게 다 맞추지?

펜토미노 조각 맞추기는 우뇌와 좌뇌를 동시에 계발시키는 좋은 퍼즐이란다.

 노크 포인트

폴리오미노(polyomino)는 여러 개의 정사각형을 변끼리 이어 붙여 만든 도형을 말합니다. 이어 붙인 정사각형의 개수에 따라 모노미노(monomino), 도미노(domino), 트리오미노(triomino), 테트로미노(tetromino), 펜토미노(pentomino), 헥소미노(hexomino) 등으로 부릅니다.

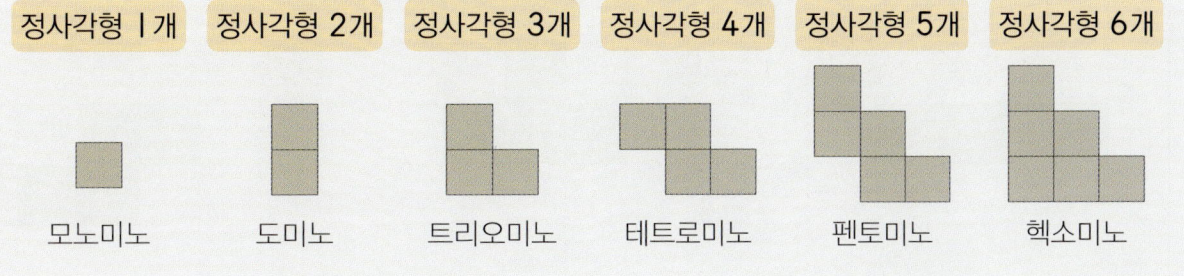

정사각형 1개	정사각형 2개	정사각형 3개	정사각형 4개	정사각형 5개	정사각형 6개
모노미노	도미노	트리오미노	테트로미노	펜토미노	헥소미노

정사각형 붙이기

정사각형 4개를 이어 붙여 만든 테트로미노는 다음과 같이 5가지가 있습니다. 같은 방법으로 정사각형 5개로 만든 모양을 펜토미노라고 합니다. 테트로미노를 사용하여 펜토미노를 만들어 보시오.

❶ 'ㄴ'자 모양 테트로미노의 ①~⑨의 자리에 정사각형을 하나 더 붙여서 만들 수 있는 펜토미노를 모두 그려 보시오.

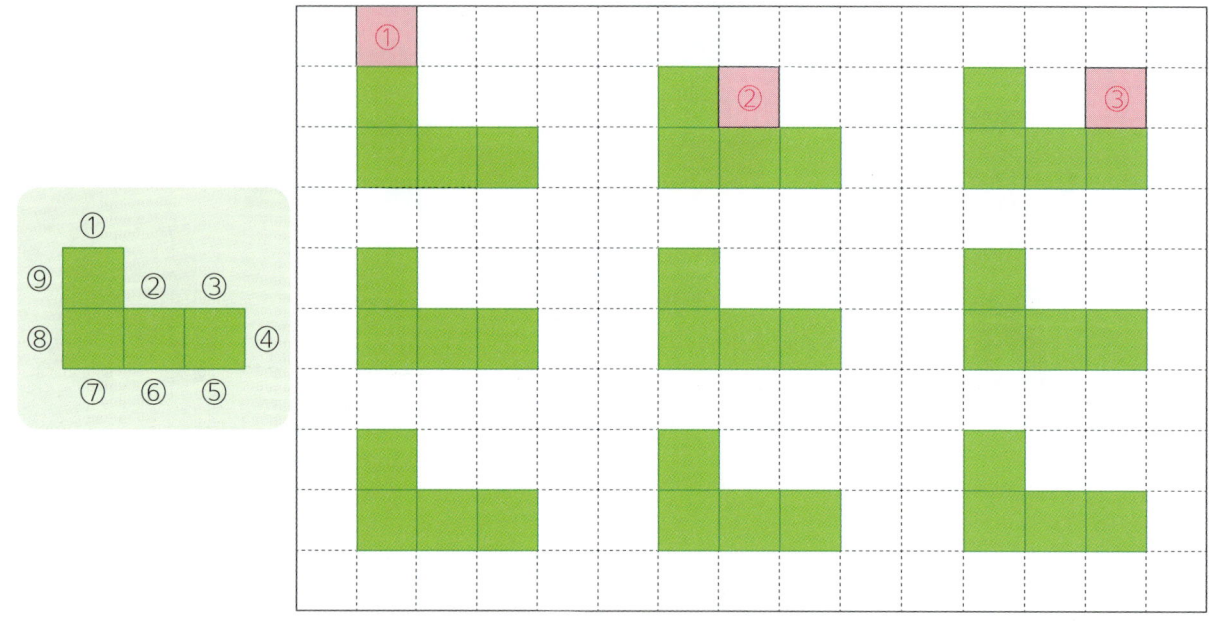

❷ 다음 테트로미노에 정사각형을 하나 붙여서 ❶에서 만든 모양과 다른 펜토미노를 그려 보시오. (단, 돌리거나 뒤집어서 같은 모양은 한 가지만 그립니다.)

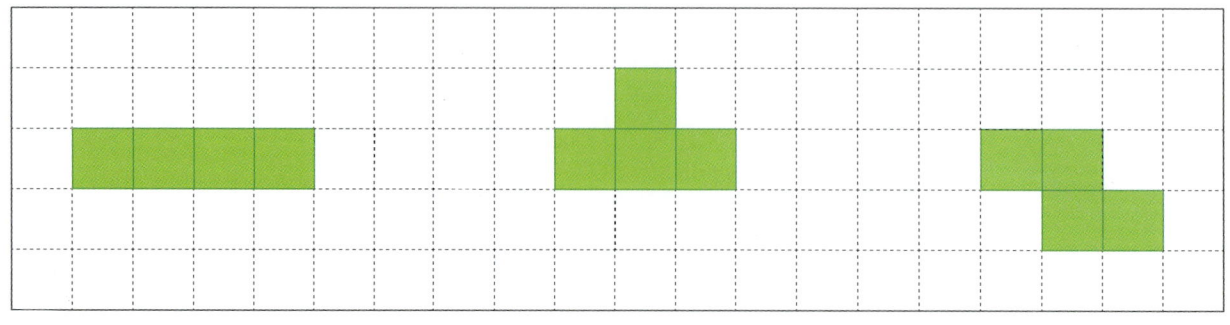

[펜토미노 퍼즐]

1 다음 모양을 A, B, C, D, E가 한 번씩 들어가도록 서로 다른 모양의 펜토미노 5조 각으로 나누어 보시오.

A	B	E	A	B
C	B	B	D	C
D	A	A	C	E
D	C	C	D	E
E	E	A	D	B

[헥소미노]

2 정사각형 6개를 변끼리 이어 붙여 만든 모양을 헥소미노라고 합니다. 다음 펜토 미노 조각에 정사각형 하나를 더 붙여서 만들 수 있는 서로 다른 헥소미노는 모 두 몇 가지입니까?

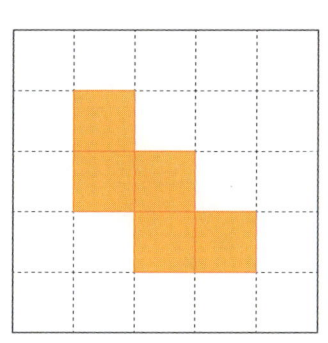

이것도 몰라!

돌리거나 뒤집어서 같은 모 양은 같은 조각인 거 알까?

🐞 폴리아몬드

여러 개의 정삼각형을 변끼리 이어 붙여서 만든 모양을 폴리아몬드라고 합니다. 여러 가지 폴리아몬드를 만들어 봅시다.

모니아몬드

다이아몬드

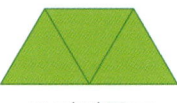
트리아몬드

❶ 정삼각형 **2**개로 만든 다이아몬드의 ①~④의 자리에 정삼각형을 하나 더 붙여서 만들 수 있는 트리아몬드를 그려 보시오. (단, 돌리거나 뒤집어서 같은 모양은 한 가지만 그립니다.)

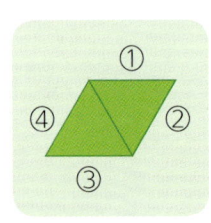

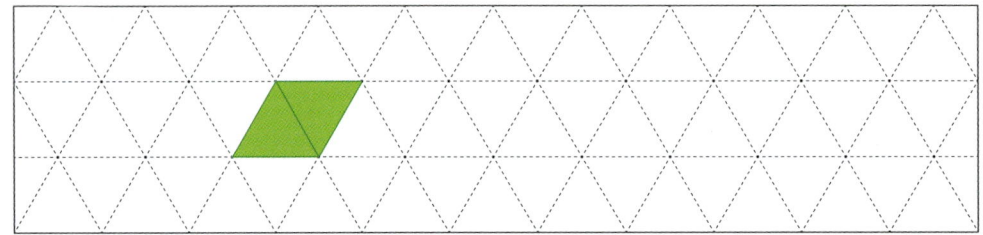

❷ 정삼각형 **4**개를 변끼리 이어 붙여 만든 도형을 테트리아몬드라고 합니다. 서로 다른 테트리아몬드를 모두 그려 보시오. (단, 돌리거나 뒤집어서 같은 모양은 한 가지만 그립니다.)

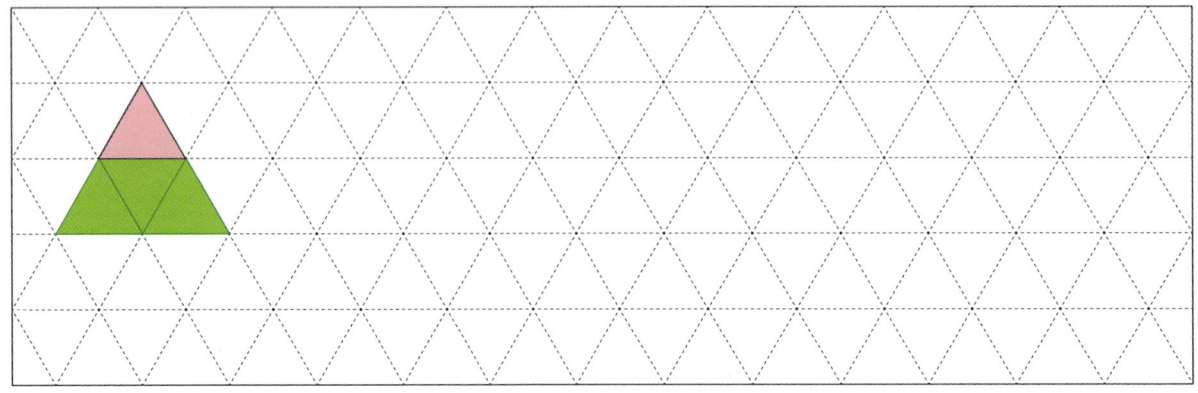

1 정삼각형 5개를 변끼리 이어 붙여 만든 펜티아몬드를 모두 그려 보시오. (단, 돌리거나 뒤집어서 같은 모양은 한 가지만 그립니다.)

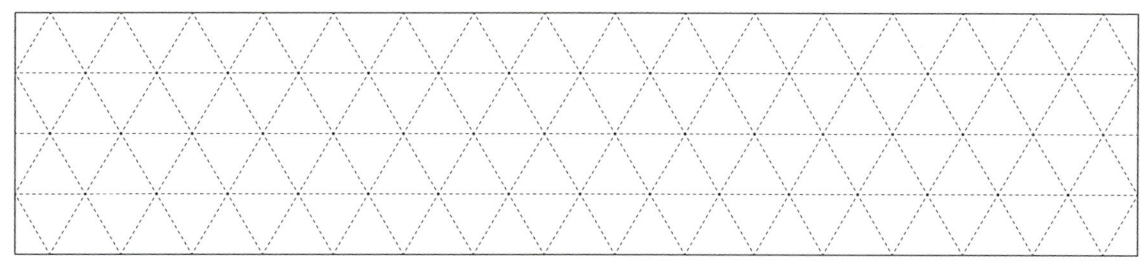

2 정삼각형 6개를 변끼리 이어 붙여 만든 헥시아몬드를 모두 그려 보시오. (단, 돌리거나 뒤집어서 같은 모양은 한 가지만 그립니다.)

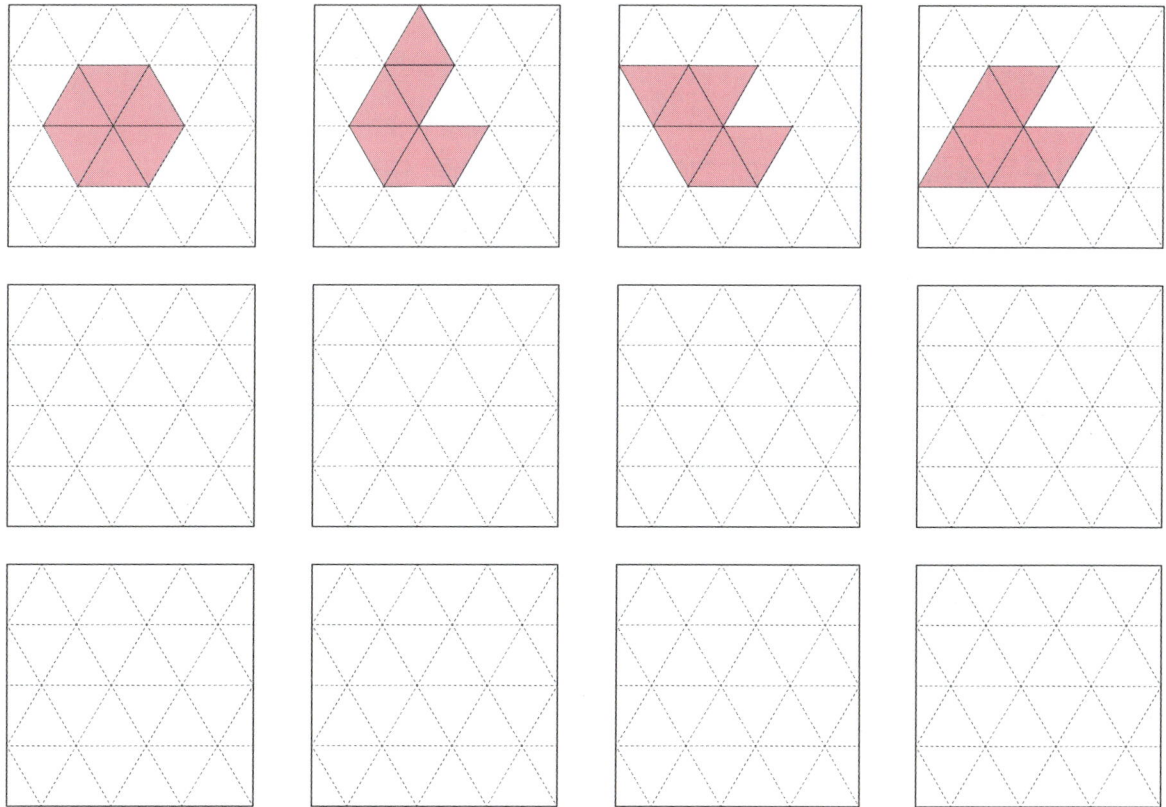

마법 나라에 사는 도형 친구 5명이 광장에서 만나기로 했습니다. 그런데 약속 장소에 나온 도형 친구는 한 명 더 많은 6명입니다.

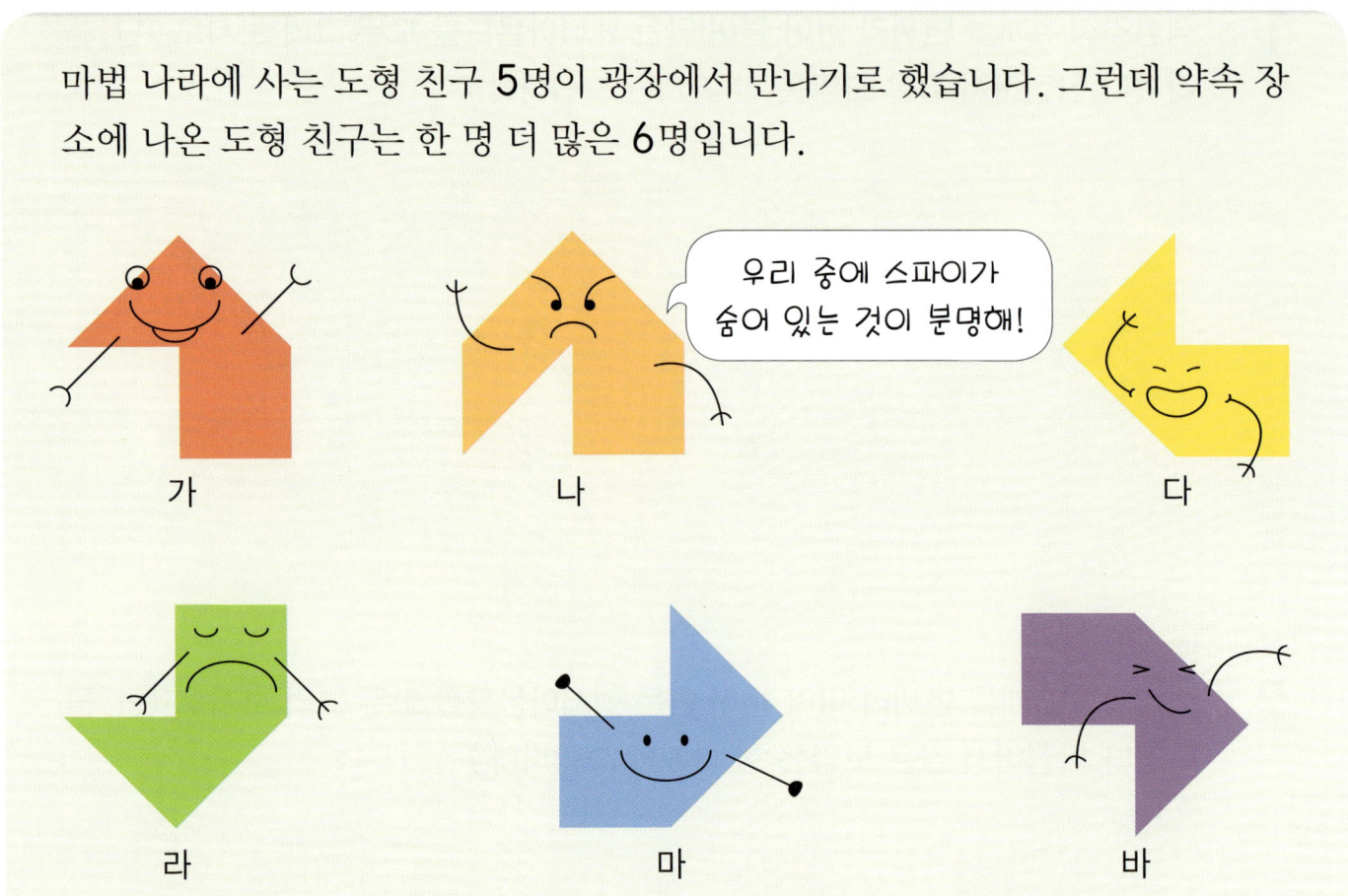

도형 친구들을 다음 모눈 위에 그리고, 모양이 다른 도형 하나를 찾아 ✕표 하시오.

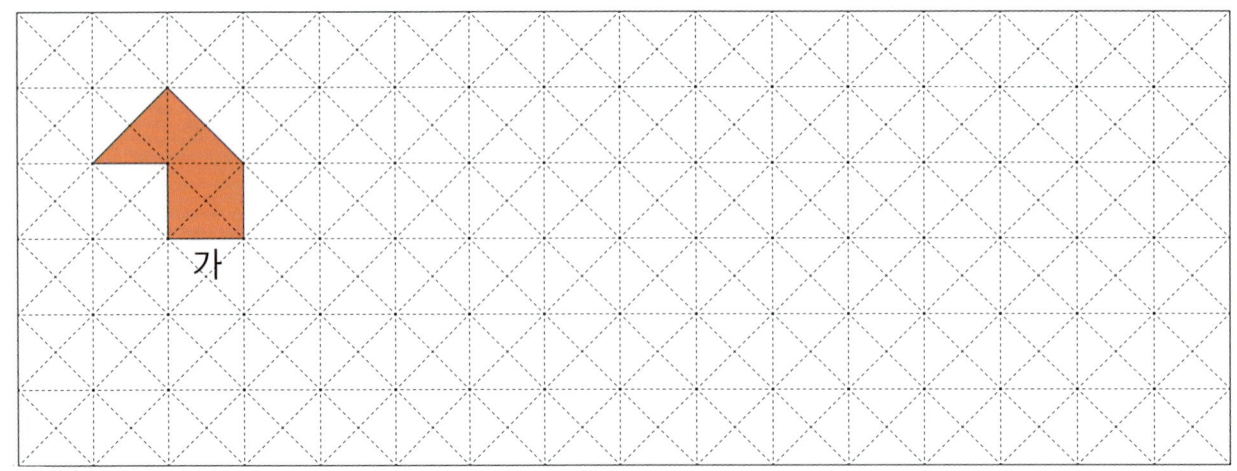

왼쪽 모양을 여러 방향으로 돌리거나 뒤집었을 때의 모양을 각각 그리시오.

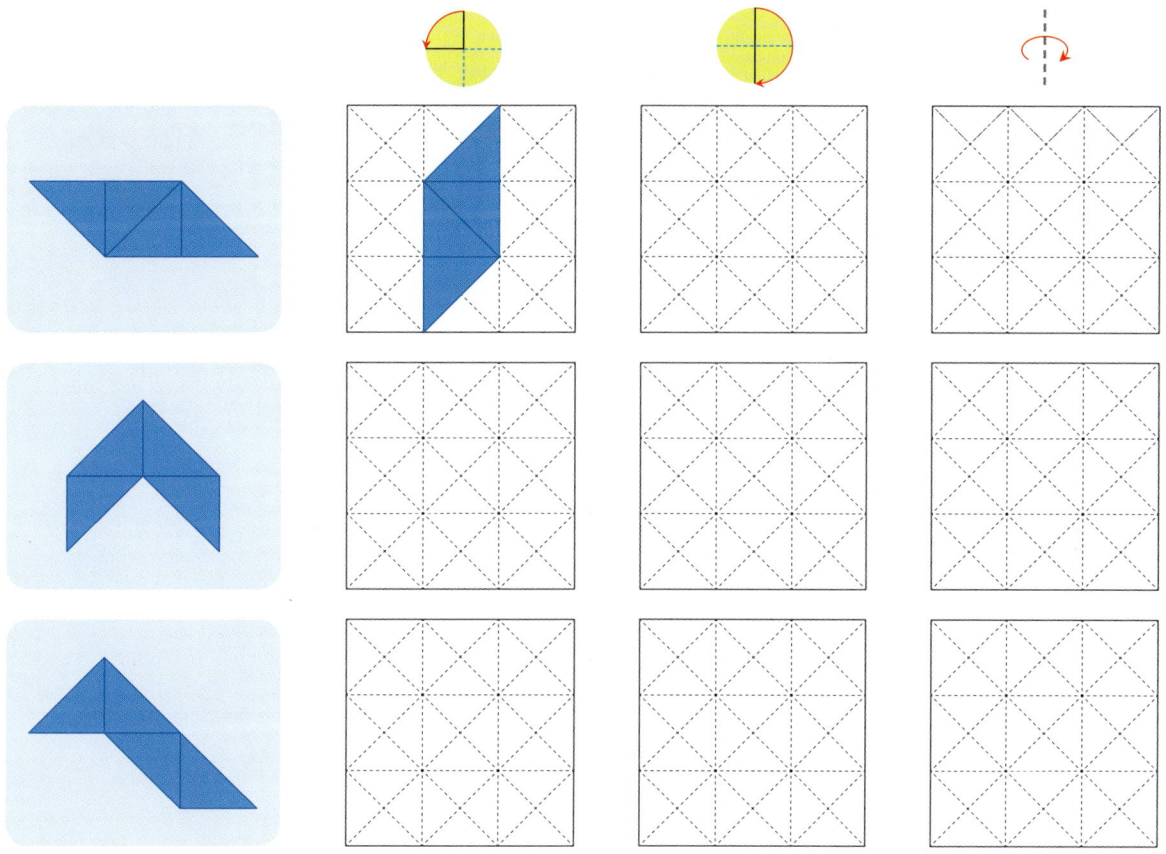

노크 포인트

폴리아볼로(polyabolo)는 여러 개의 직각삼각형을 길이가 같은 변끼리 이어 붙여 만든 도형입니다. 폴리아볼로를 폴리탄(polytan)이라고도 부르는데 폴리탄의 'tan'은 칠교의 다른 이름인 탱그램(tangram)의 'tan'과 같습니다. 탱그램에는 여러 개의 폴리아볼로 조각이 있기 때문입니다.

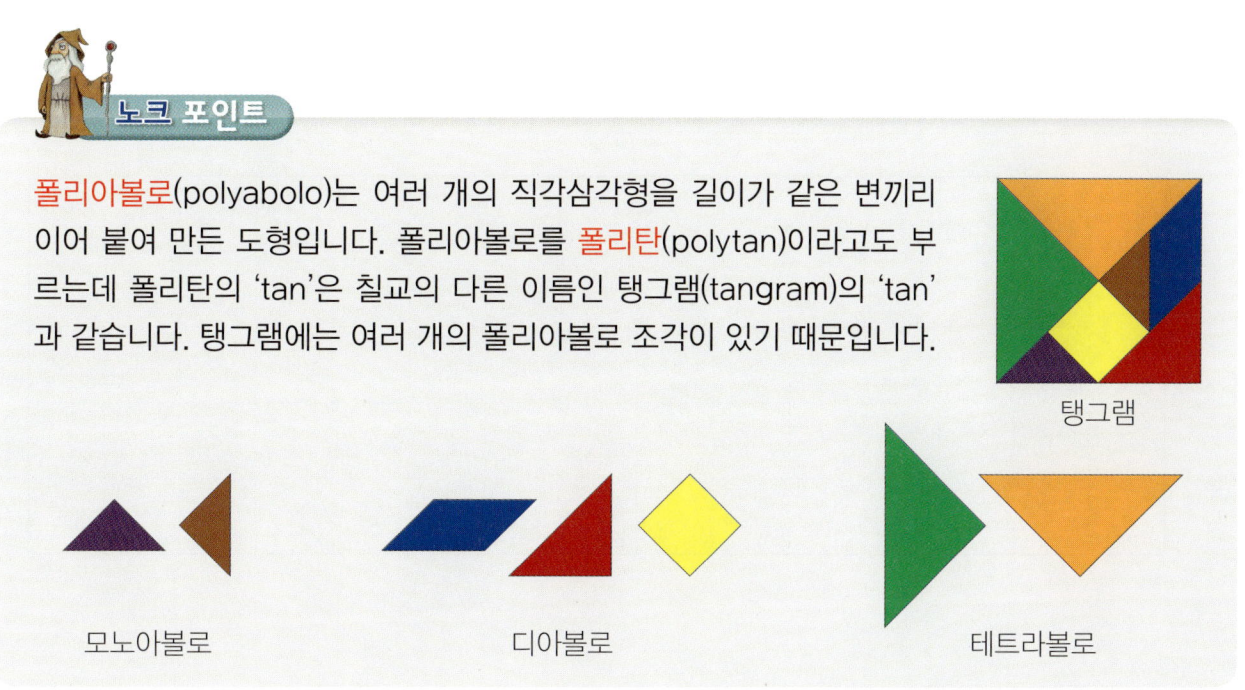

탱그램

모노아볼로   디아볼로   테트라볼로

테트라볼로

여러 개의 직각삼각형을 길이가 같은 변끼리 이어 붙여 만든 도형을 폴리아볼로라고 합니다. 여러 가지 폴리아볼로를 알아봅시다.

❶ 크기가 같은 직각삼각형 **2**개를 이어 붙여 만든 디아볼로를 모두 그려 보시오.
(단, 돌리거나 뒤집어서 같은 모양은 한 가지만 그립니다.)

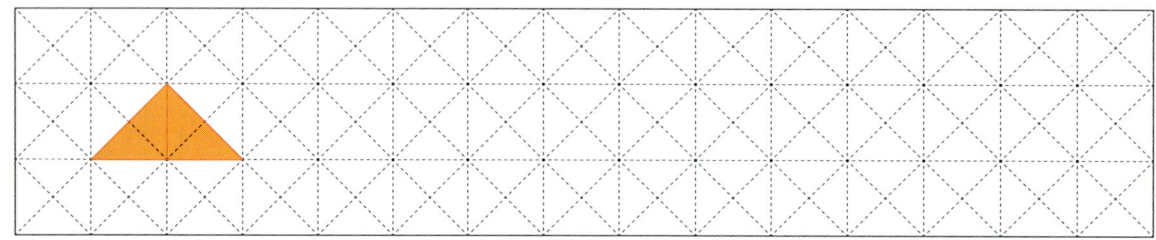

❷ 크기가 같은 직각삼각형 **3**개를 이어 붙여 만든 트리아볼로를 모두 그려 보시오.
(단, 돌리거나 뒤집어서 같은 모양은 한 가지만 그립니다.)

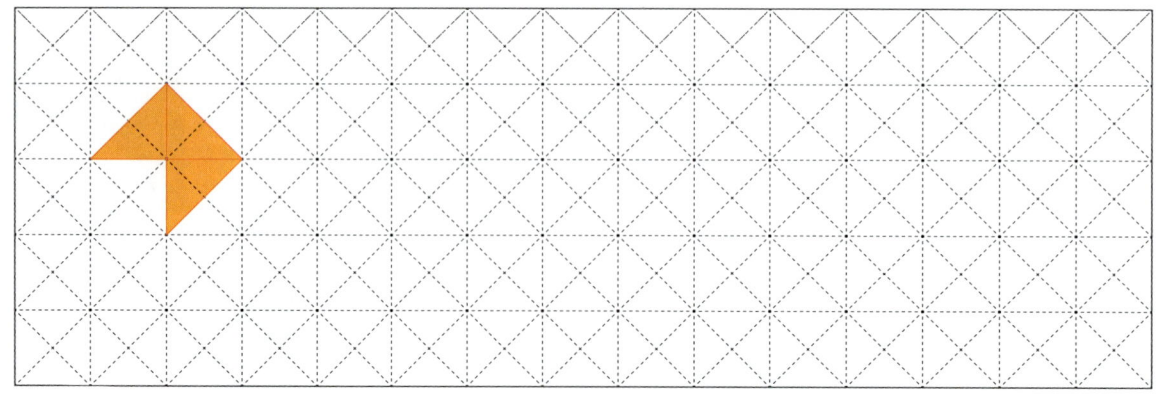

1 주어진 트리아볼로 모양의 ①~⑤의 자리에 크기가 같은 직각삼각형을 하나 더 붙여서 만들 수 있는 서로 다른 모양을 모두 그려 보시오. (단, 돌리거나 뒤집어서 같은 모양은 한 가지만 그립니다.)

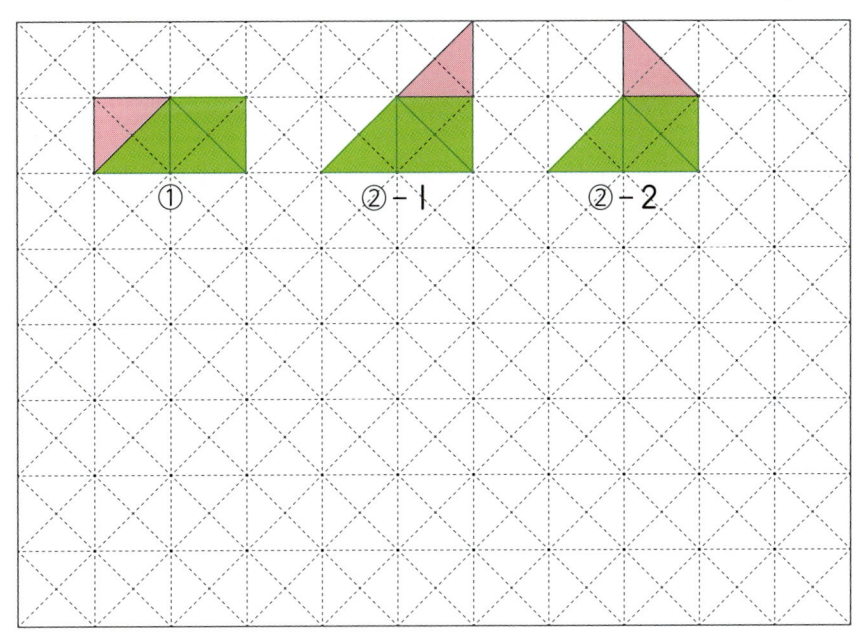

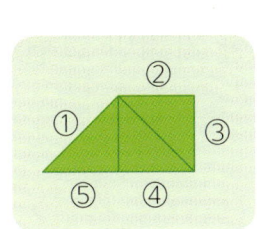

[테트라볼로 만들기 2]

2 주어진 트리아볼로 모양에 크기가 같은 직각삼각형을 하나 더 붙여서 만들 수 있는 모양 중 **1**에서 만든 모양과 다른 모양을 모두 그려 보시오. (단, 돌리거나 뒤집어서 같은 모양은 한 가지만 그립니다.)

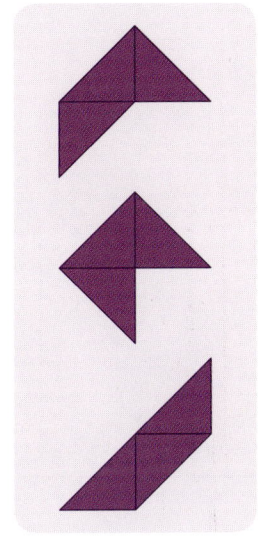

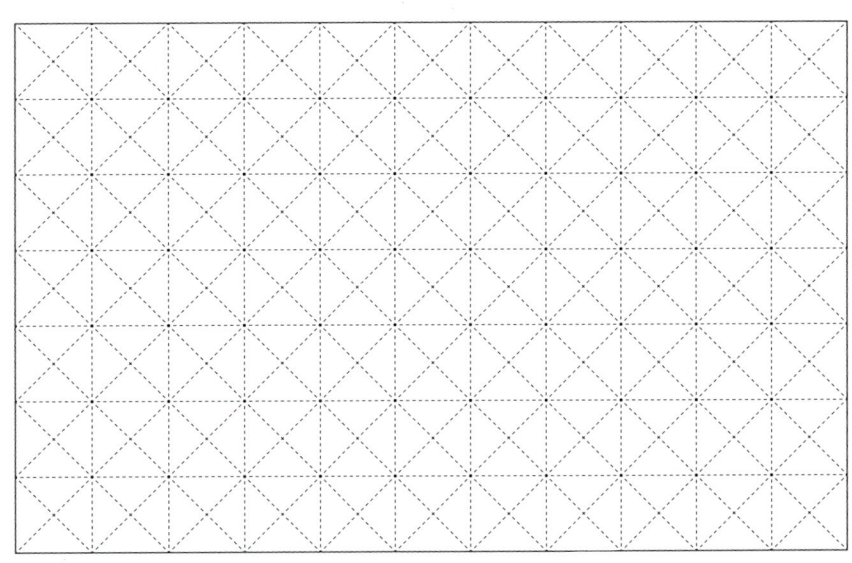

다른 도형 붙이기

정사각형 종이 1장과 같은 크기의 종이를 똑같이 반으로 잘라 만든 직각삼각형 종이 2장이 있습니다.

❶ 정사각형과 직각삼각형 모양 1개를 길이가 같은 변끼리 이어 붙여 만들 수 있는 모양을 그려 보시오. (단, 돌리거나 뒤집어서 같은 모양은 한 가지만 그립니다.)

❷ ❶에서 만든 모양에 직각삼각형 1개를 더 이어 붙여 만든 서로 다른 모양을 모두 그려 보시오. (단, 돌리거나 뒤집어서 같은 모양은 한 가지만 그립니다.)

[색종이 붙이기]

1 정사각형 종이 1장과 같은 종이를 똑같이 반으로 잘라 만든 직사각형 종이 2장이 있습니다. 이 3장의 종이를 길이가 같은 변끼리 이어 붙여 만들 수 있는 서로 다른 모양을 모두 그려 보시오. (단, 돌리거나 뒤집어서 같은 모양은 한 가지만 그립니다.)

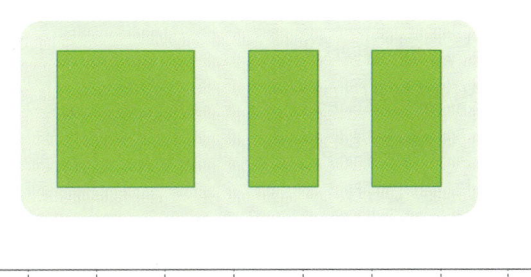

잘 생각해 봐!

붙인 방법은 달라도 만들어진 모양의 테두리가 같으면 같은 모양으로 본단다.

[다이아몬드 붙이기]

2 크기가 같은 정삼각형 2개를 이어 붙여 만든 도형을 다이아몬드라고 합니다. 다이아몬드 3개를 길이가 같은 변끼리 이어 붙여 만들 수 있는 서로 다른 모양을 모두 그려 보시오. (단, 돌리거나 뒤집어서 같은 모양은 한 가지만 그립니다.)

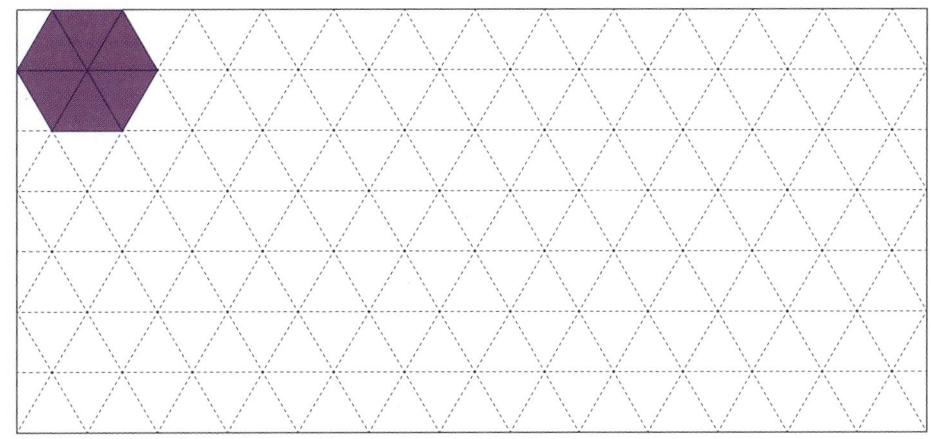

평생 농사를 지으며 살아온 아버지에게는 정사각형 모양의 커다란 땅이 있습니다. 아버지께서 네 딸들에게 땅을 나누어 주려고 합니다. 땅을 나누기 위해 아버지는 자신의 땅을 16개의 작은 정사각형으로 나누었습니다.

각자 자신의 집이 있는 땅을 포함하여 직사각형 모양의 땅을 가질 수 있단다. 첫째는 6칸, 둘째는 4칸, 셋째와 넷째는 각각 3칸의 땅을 가지도록 해라.

아버지   첫째   둘째   셋째   넷째

딸들의 집이 있는 칸에 그 딸이 가질 수 있는 땅의 칸 수를 써넣으시오. 각 딸들에게 아버지의 조건에 맞게 땅을 나누어 주는 방법을 그려 보시오.

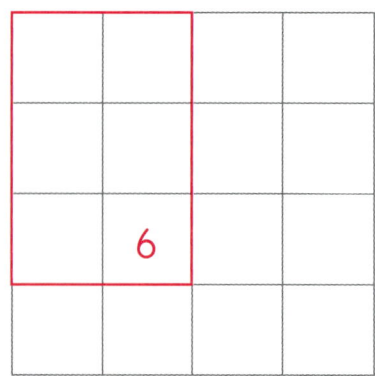

사각형 나누기 퍼즐을 하시오. 직사각형 모양으로 나누어야 하며, 주어진 수는 직사각형 모양을 이루는 칸의 수입니다.

노크 포인트

사각형 나누기 퍼즐을 할 때에는 가장 큰 수가 있는 직사각형부터 먼저 찾은 다음, 나머지 사각형을 찾아서 나눕니다.

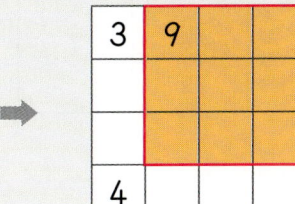  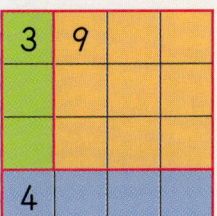

 똑같이 나누기

다음 펜토미노를 크기와 모양이 같은 4개의 도형으로 나누어 봅시다.

❶ 정사각형 하나를 크기가 같은 4개의 작은 정사각형으로 모두 나누어 보시오. 주어진 도형은 모두 몇 개의 작은 정사각형으로 나눌 수 있습니까?

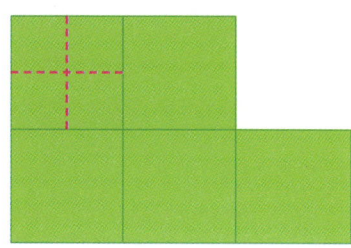

❷ 크기와 모양이 같은 4개의 도형으로 나눌 때, 각 도형을 이루는 작은 정사각형 은 몇 개씩입니까?

❸ 크기와 모양이 같은 4개의 도형으로 나누어 보시오.

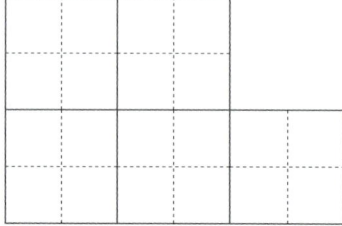

[펜토미노로 나누기]

1 정사각형 20개로 만든 도형을 크기와 모양이 같은 도형 4개로 나누어 보시오.

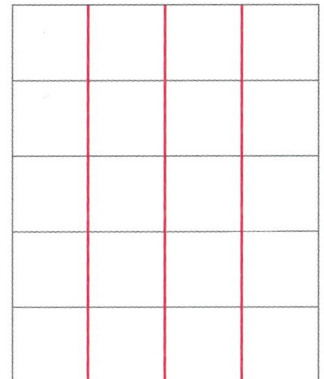

정사각형 20개를 4로 나누면 5개씩이므로 4개의 도형은 모두 펜토미노 모양이 될 거야.

[폴리아몬드]

2 정삼각형을 이어 붙여 만든 모양을 크기와 모양이 같은 4개의 도형으로 나누어 보시오.

정삼각형 하나를 4개의 작은 정삼각형으로 나누어 보면 쉽게 해결할 수 있어.

❶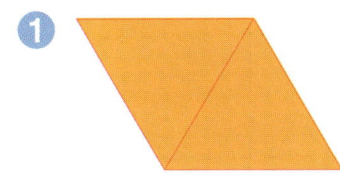

❷

정사각형으로 나누기

직사각형을 5개의 정사각형으로 나눈 것입니다. 이 직사각형을 15개의 정사각형으로 나누는 방법을 알아봅시다.

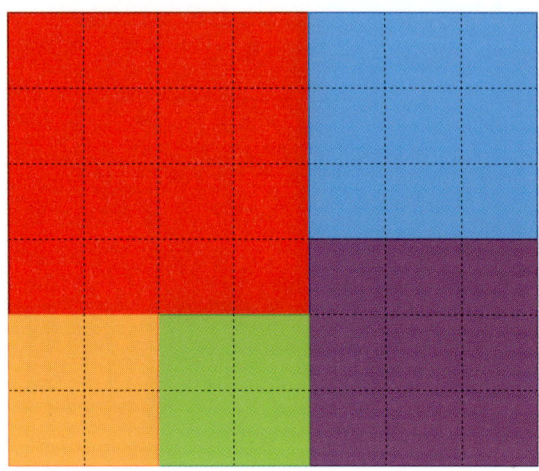

❶ 가로 3칸, 세로 3칸인 정사각형을 다음과 같이 나누면 조각의 수가 몇 개 더 늘어납니까?

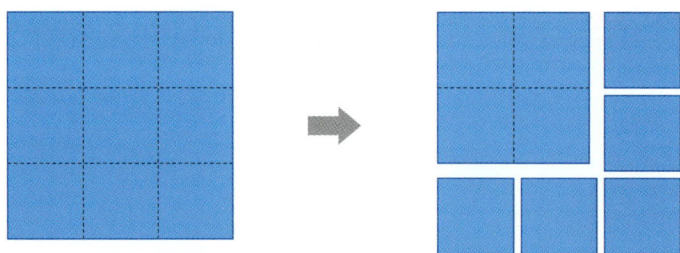

❷ 직사각형을 15개의 정사각형으로 나누어 보시오.

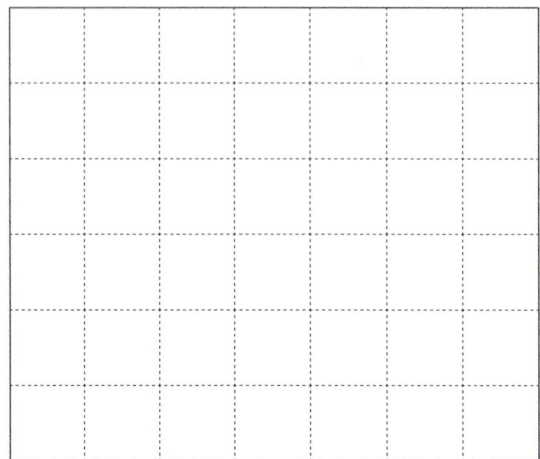

1 다음 모양을 주어진 정사각형 조각 수에 맞게 나누어 보시오.

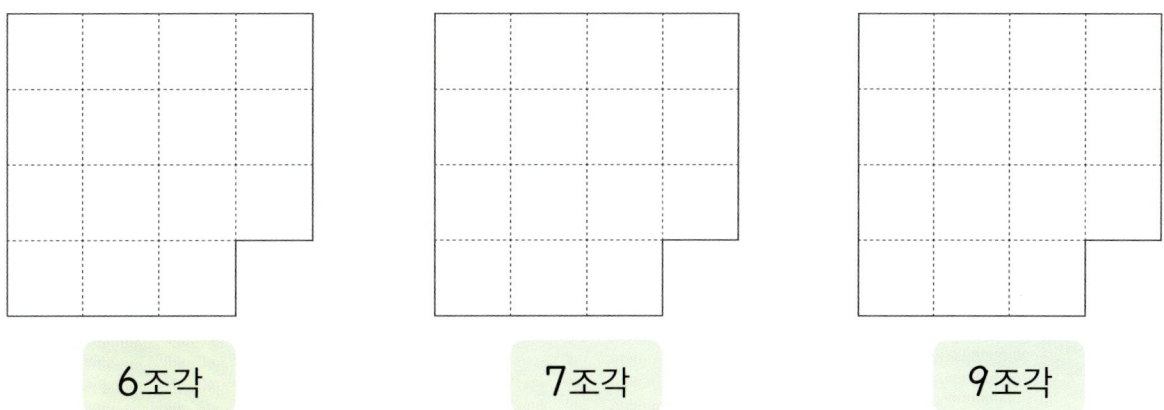

6조각   7조각   9조각

[적은 수의 조각으로 나누기]

2 다음과 같은 모양의 초콜릿을 여러 사람에게 정사각형 모양으로 남김없이 나누어 주려고 합니다. 가능한 적은 사람에게 나누어 주려면 모두 몇 명에게 줄 수 있는지 구하시오.

 창의적 문제해결력

1 다음과 같은 도형 3개를 이어 붙여 만들 수 있는 서로 다른 모양을 모두 그려 보시오. (단, 돌리거나 뒤집어서 같은 모양은 한 가지만 그립니다.)

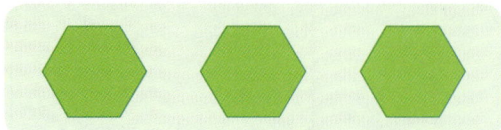

2 정사각형 2개로 만든 도미노 3개를 모두 사용하여 길이가 같은 변끼리 이어 붙여 만들 수 있는 서로 다른 모양을 모두 그려 보시오. (단, 돌리거나 뒤집어서 같은 모양은 한 가지만 그립니다.)

전체 모양이 같으면 같은 모양으로 생각해~

3 정삼각형 3개를 이어 붙여 만든 모양 2개가 있습니다. 다음과 같이 정삼각형 하나가 겹쳐지도록 놓아 만들 수 있는 서로 다른 모양을 모두 그리시오. (단, 돌리거나 뒤집어서 같은 모양은 한 가지만 그립니다.)

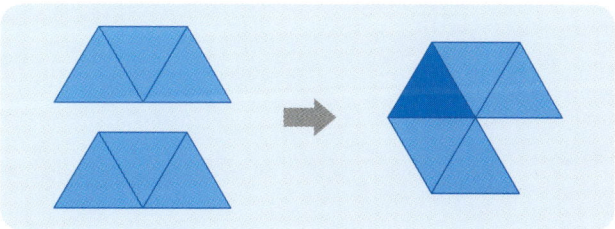

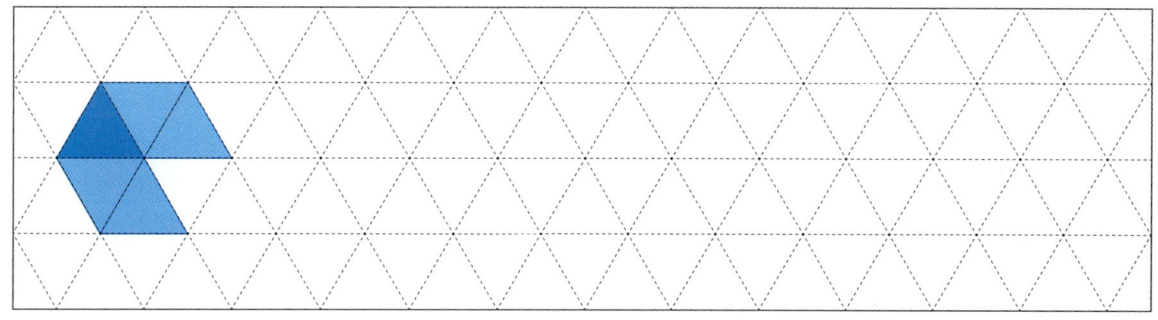

4 다음 모양을 크기와 모양이 모두 같은 4개의 도형으로 나누려고 합니다. 나누어진 모양에 ★과 ♥가 각각 하나씩 있도록 나누어 보시오.

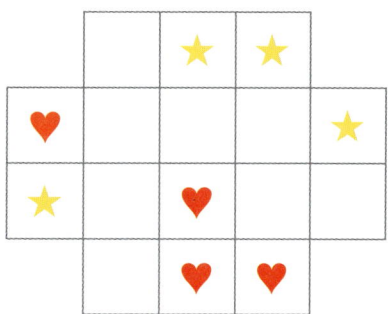

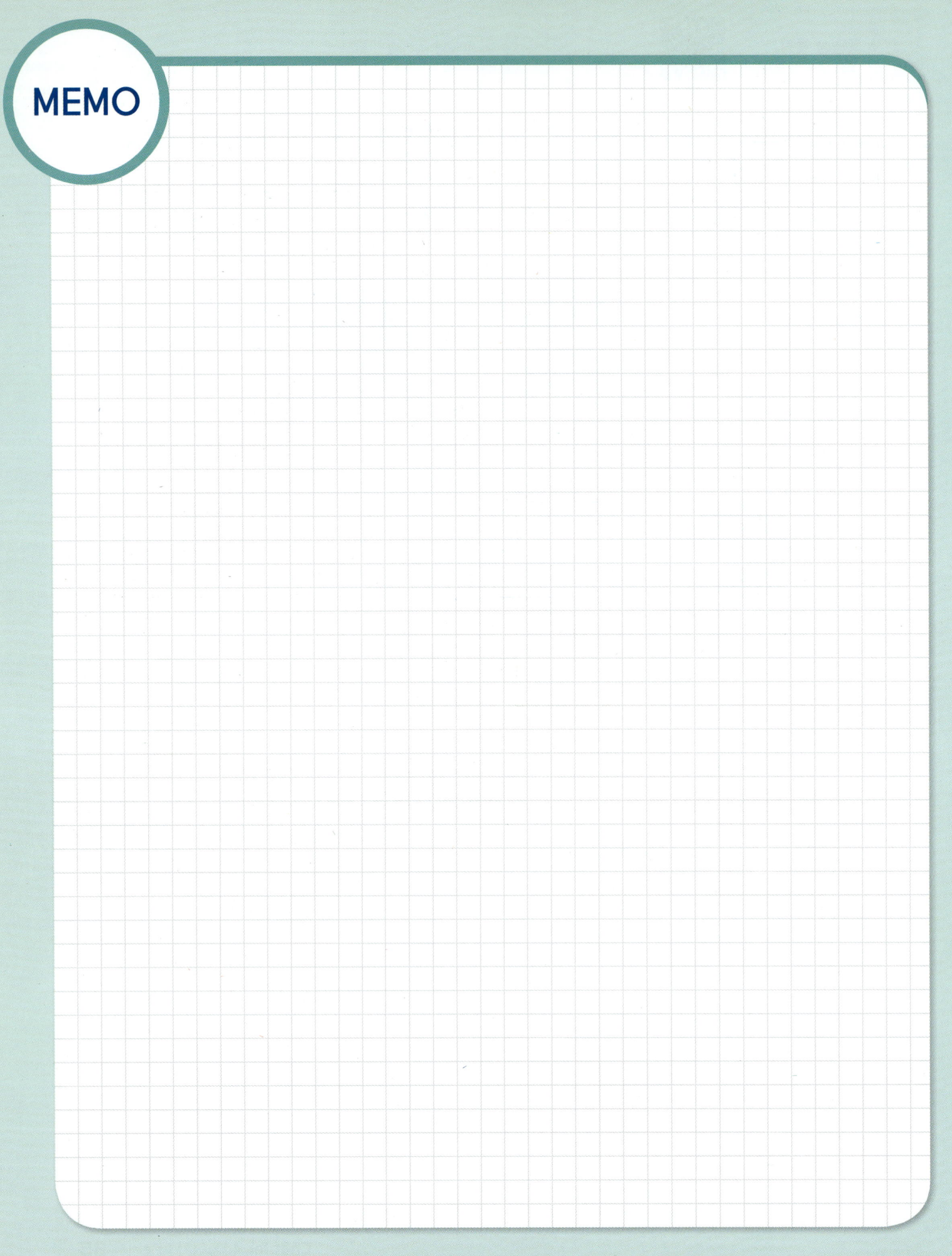

MEMO

32쪽에 사용하세요.

정답및 해설

평면
도형

C3
(10~11세)

누구나 **쉽고 재미있게**
사고력
수학

느ㄹ

천재교육

누구나 **쉽고 재미**있게
사고력
수학

노크

정답 및 해설

누구나
쉽고 재미있게

사고력 수학

C3
(10~11세)

평면도형

도형 퍼즐

① 도형

태경이와 아인이가 여러 가지 도형을 그렸습니다.

태경이가 그린 도형	아인이가 그린 도형

태경:
도형은 나처럼 반듯하게 모두 막혀 있어야 해. 아인아. 너는 왜 도형을 그리다 말았니?

아인:
태경아. 네가 그린 도형은 모두 다각형이라고 해. 곧은 선으로 둘러싸인 도형이지.

대마법사 멀린이 아이들에게 도형에 대해 설명합니다.

멀린:
점과 선 뿐만 아니라 점과 선으로 이루어진 직선, 각, 다각형, 원 등을 모두 도형이라고 하지.

도형은 크게 두 가지로 나눌 수 있단다.
두께가 없으면 평면도형이라 하고
두께가 있으면 입체도형이라 한단다.

10 C3 평면도형

다음 평면도형의 이름을 ▨ 안에서 찾아 ☐ 안에 써넣으시오.

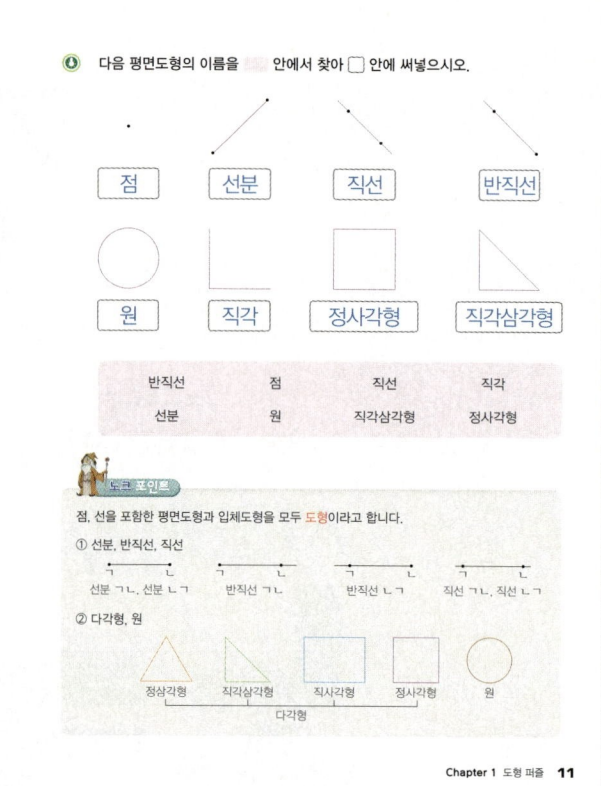

점	선분	직선	반직선
원	직각	정사각형	직각삼각형

반직선	점	직선	직각
선분	원	직각삼각형	정사각형

도형 포인트

점, 선을 포함한 평면도형과 입체도형을 모두 도형이라고 합니다.

① 선분, 반직선, 직선

선분 ㄱㄴ, 선분 ㄴㄱ   반직선 ㄱㄴ   반직선 ㄴㄱ   직선 ㄱㄴ, 직선 ㄴㄱ

② 다각형, 원

정삼각형   직각삼각형   직사각형   정사각형   원
　　　　　　　　　　다각형

Chapter 1 도형 퍼즐 11

🛡 사각형

점 종이 위에 여러 가지 직사각형 3개를 더 그려 보시오.

예

직사각형은 네 각이 모두 직각이야.

여러 가지 답이 있습니다.

점 종이 위에 주어진 선분을 한 변으로 하는 정사각형을 그려 보시오.

예

정사각형은 네 각이 모두 직각이고 네 변의 길이가 모두 같아.

여러 가지 답이 있습니다.

12 C3 평면도형

[여러 가지 정사각형]

1 점 종이 위에 크기가 다른 여러 가지 정사각형을 완성하시오.

작은 한 칸(☐)의 크기를 l 이라고 정하고 크기를 따져 보면 쉬울텐데…….

삐딱하게 있는 정사각형도 생각해야 해.

Chapter 1 도형 퍼즐 13

---

2 C3 평면도형

삼각형

14
15

[보기]와 같이 점 종이 위에 주어진 선분을 한 변으로 하는 모양이 다른 직각삼각형을 그려 보시오.

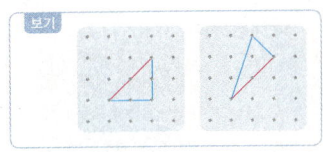

직각의 위치를 정하면 그리기가 쉬워.

(예)

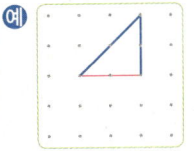 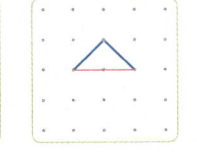 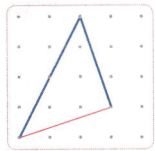

여러 가지 답이 있습니다.

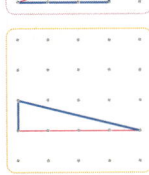 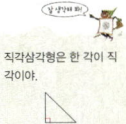

직각삼각형은 한 각이 직각이야.

14 C3 평면도형

[직각삼각형의 종류]
1 점 종이 위에 모양이 다른 직각삼각형을 그려 보시오.

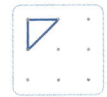 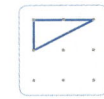 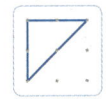

㉠과 ㉡처럼 돌리거나 뒤집어서 완전히 겹쳐지는 삼각형은 같은 삼각형이라는 것을 너는 모르지?

[두 변의 길이가 같은 직각삼각형]
2 점 종이 위에 두 변의 길이가 같은 직각삼각형을 그리려고 합니다. 그릴 수 있는 삼각형은 모두 몇 가지인지 구하시오. (단, 돌리거나 뒤집어서 완전히 겹쳐지는 삼각형은 같은 삼각형으로 봅니다.) **5가지**

직각삼각형 중에서 두 변의 길이가 같은 삼각형은 이렇게 생겼지.

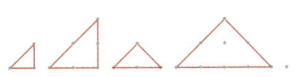

---

② 칠교

16
17

다음과 같이 7개의 조각으로 이루어진 것을 '칠교'라고 하며, 중국에서는 '지혜의 판'이라고 부르기도 합니다. 칠교 조각을 사용하여 여러 가지 모양을 만들 수 있습니다.

초이는 칠교 조각을 사용하여 숫자 1, 2, 3을 만들었습니다. 칠교 조각을 사용하여 다른 숫자들도 만들어 봅시다.

내가 칠교 조각으로 만든 숫자야.

재미있어 보인다. 다른 숫자도 만들어 봐야지.

아이들이 여러 가지 다양한 형태로 칠교 조각들을 조작할 수 있도록 합니다.

(예) **456**

16 C3 평면도형

🔎 칠교 7조각을 보고 다음 물음에 답하시오.

● ㉣ 조각으로 ㉠, ㉢, ㉥ 조각을 덮으려면 각각 몇 개가 필요합니까?

㉠: 4 개   ㉢: 2 개   ㉥: 2 개

● ㉥ 조각으로 ㉠ 조각을 덮으려면 몇 개가 필요합니까? 2개

● ㉠ 조각으로 칠교판 전체를 덮으려면 몇 개가 필요합니까? 4개

🐱 **노크 포인트**
중국에서 처음 시작된 칠교 놀이는 칠교 7조각을 사용하여 여러 가지 재미있는 모양을 만드는 것으로 서양에서는 탱그램(Tangram)이라고 불립니다.

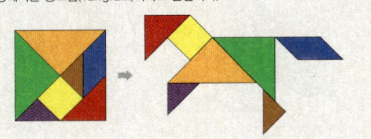

🗡️ 칠교 도형

칠교 조각 3개를 사용하여 직각삼각형을 만들었습니다. 이 모양에 칠교 조각을 1개씩 더하여 직각삼각형과 정사각형을 만들어 보시오.

준비물 칠교

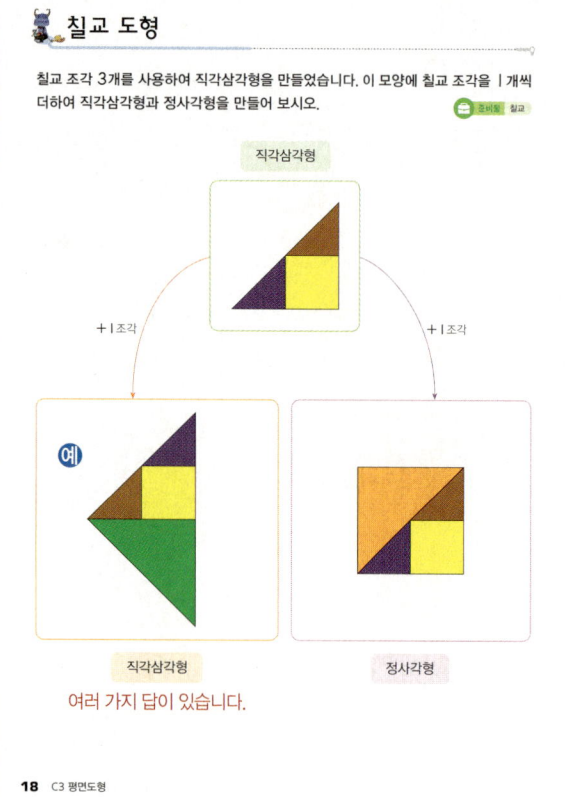

직각삼각형

+1 조각   +1 조각

예

직각삼각형   정사각형

여러 가지 답이 있습니다.

[사용하지 않은 조각]

1 칠교 조각 중 5개를 사용하여 오른쪽 직사각형을 만들었습니다. 사용하지 않은 조각의 기호를 모두 쓰시오. ㉢, ㅅ

[직각삼각형]

2 칠교 조각 7개를 모두 사용하여 직각삼각형을 만들어 보시오.

준비물 칠교

예

빨간선을 따라 나눈 두 부분을 합쳐서 직각삼각형을 만들어 보렴.

여러 가지 답이 있습니다.

🐯 칠교 동물

지오는 마법의 칠교판을 수학 요정에게 선물받았습니다. 마법의 칠교판으로 만든 동물들은 살아있는 동물처럼 움직일 수 있다고 합니다. 칠교 조각 7개를 모두 사용하여 다음 동물을 완성하시오.

준비물 칠교

❶ 학 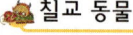 예

모양을 완성하면 날아가 버릴까?

여러 가지 답이 있습니다.

❷ 대머리 독수리 예

큰 조각부터 어디에 놓아야 할지 생각해 보는 것이 좋아.

여러 가지 답이 있습니다.

[동물원]

1 동물원에는 칠교 동물들이 살고 있습니다. 칠교 조각 7개를 모두 사용하여 여러 가지 동물을 만들어 보시오.

준비물 칠교

예

여러 가지 답이 있습니다.

4 C3 평면도형

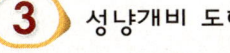

3 성냥개비 도형

아인이와 태경이가 성냥개비를 사용하여 정사각형을 만들고 있습니다. 그런데 크기가 같은 정사각형 2개를 만드는 데 사용한 성냥개비의 개수가 다릅니다.

성냥개비 8개를 사용했어.

나는 성냥개비 7개를 사용했지.

아인   태경

아인이와 태경이처럼 정해진 개수의 성냥개비를 사용하여 크기가 같은 정사각형 3개를 만들어 보시오.

성냥개비 10개

성냥개비 12개

예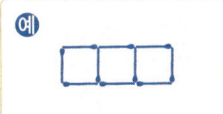

예

여러 가지 답이 있습니다.

아인이와 태경이가 성냥개비를 24개씩 똑같이 가지고 있습니다. 아인이는 성냥개비를 모두 사용하여 크기가 같은 정사각형 6개를 만들었고, 태경이는 크기가 같은 정사각형 9개를 만들었습니다. 태경이가 만든 모양을 나타내어 보시오.

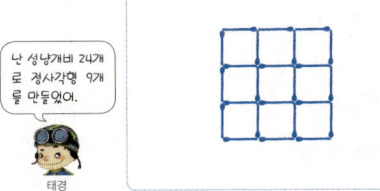

아인

난 성냥개비 24개로 정사각형 9개를 만들었어.

태경

노크 포인트

길이가 같은 성냥개비를 사용하여 여러 가지 도형을 만들 수 있습니다.

① 성냥개비 4개를 사용하여 만든 사각형은 정사각형이고,
성냥개비 3개를 사용하여 만든 삼각형은 정삼각형입니다.

정사각형   정삼각형

② 사용한 성냥개비의 개수가 달라도 만든 도형의 개수는 같을 수 있습니다.

 ➡ 성냥개비 9개 삼각형 3개

 ➡ 성냥개비 7개 삼각형 3개

🐉 성냥개비 사각형

성냥개비 12개를 사용하여 크기가 같은 정사각형 4개를 만들었습니다.

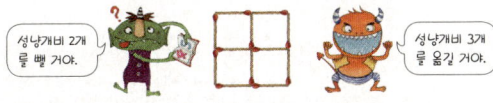

성냥개비 2개를 뺄 거야.

성냥개비 3개를 옮길 거야.

❶ 성냥개비 2개를 빼서 크기가 같은 정사각형 3개를 만들었습니다.

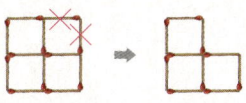

성냥개비 2개를 빼서 크기가 다른 정사각형 2개를 만들어 보시오. (빼는 성냥개비에 ✕표 하고 만든 모양을 오른쪽에 그립니다.)

예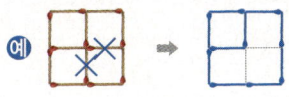

❷ 성냥개비 3개를 옮겨서 크기가 같은 정사각형 3개를 만들어 보시오. (옮기는 성냥개비에 ✕표 하고 만든 모양을 오른쪽에 그립니다.)

예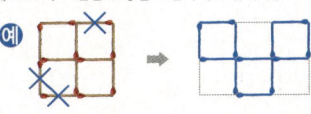

[정사각형 3개]

1 다음 모양에서 성냥개비 4개를 옮겨서 크기가 같은 정사각형 3개를 만들어 보시오. (옮기는 성냥개비에 ✕표 합니다.)

예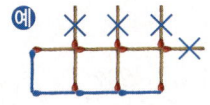

정사각형 3개를 성냥개비 10개로 만들려면 겹치는 변이 있어야 한다.

[정사각형 5개]

2 다음 모양에서 성냥개비 4개를 빼서 크기가 같은 정사각형 5개를 만들어 보시오.

빼는 성냥개비에 ✕표 해 봐.

정답 및 해설 **5**

🔥 성냥개비 삼각형

성냥개비를 사용하여 정삼각형 3개를 만들었습니다. 성냥개비를 옮겨서 조건에 맞는 모양을 만드시오.

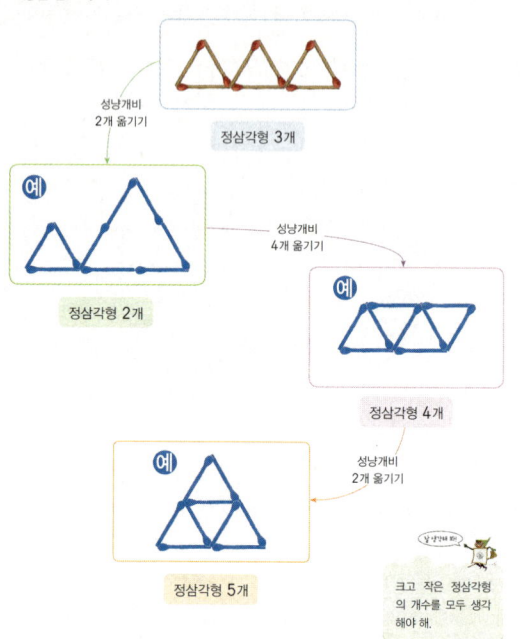

성냥개비 2개 옮기기

정삼각형 3개

정삼각형 2개

성냥개비 4개 옮기기

정삼각형 4개

성냥개비 2개 옮기기

정삼각형 5개

크고 작은 정삼각형의 개수를 모두 생각해야 해.

1 [삼각형 3개] 다음 모양에서 성냥개비 3개를 빼서 크기가 같은 정삼각형 3개를 만들어 보시오. (빼는 성냥개비에 ✕표 합니다.)

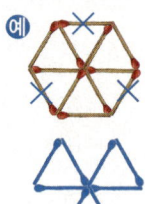
3개를 빼면 남는 성냥개비는 9개야. 그렇다면 겹치는 변이 없는 삼각형 3개를 만들어야겠지?

2 [삼각형 6개] 다음 모양에서 성냥개비 3개를 빼서 크기가 같은 정삼각형 6개를 만드시오.

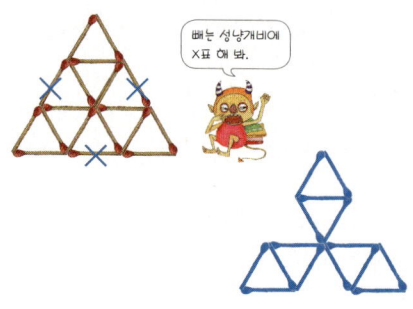
빼는 성냥개비에 ✕표 해 봐.

👧 창의적 문제해결력

1 원 위의 두 점을 이어 선분을 그으려고 합니다. 그을 수 있는 선분은 모두 몇 개인지 구하시오. 10개

두 점을 곧게 이은 선을 선분이라고 하지.

2 칠교 조각 7개를 모두 사용하여 알파벳 A를 만드시오.

여러 가지 답이 있습니다.

3 다음 모양에서 성냥개비 2개를 옮겨 크기가 같은 정사각형 4개를 만드시오. (옮기는 성냥개비에 ✕표 합니다.)

4 다음 모양에서 성냥개비 3개를 옮겨 크기가 같은 정삼각형 3개를 만드시오. (옮기는 성냥개비에 ✕표 합니다.)

동영상 특강 QR 코드를 찍어 보세요!

도형의 이동

4 도형 돌리기

테트리스 게임은 1984년 러시아의 프로그래머인 알렉세이가 만든 컴퓨터 게임입니다. 다음과 같이 크기가 같은 정사각형 4개를 붙여서 만든 7가지 테트리스 조각을 밀거나 돌려서 빈틈없이 쌓아야 합니다.

테트리스 조각

초이와 함께 다음 빈 곳에 테트리스 조각을 채워 봅시다. 🟢 준비물 테트리스 조각

예

조각을 돌려서 넣어 봐야지.

🟢 주어진 도형을 여러 방향으로 돌린 도형을 그려 보시오.

노크 포인트

도형을 규칙에 따라 화살표 방향으로 돌릴 수 있습니다.

- 시계 방향으로 직각만큼 돌리기
- 시계 반대 방향으로 직각만큼 돌리기
- 시계 방향으로 직각의 2배만큼 돌리기
- 시계 방향으로 직각의 3배만큼 돌리기
- 시계 반대 방향으로 직각의 3배만큼 돌리기
- 시계 방향으로 한 바퀴 돌리기

🔶 한 번 돌리기

다음 중 🔵와 같이 돌렸을 때 처음과 똑같은 도형을 모두 찾아봅시다.

❶ 주어진 도형을 🔵와 같이 돌린 도형을 그려 보시오.

한 번에 🔵와 같이 돌리기 어려우면 🔵와 같이 2번 돌리면 된단다.

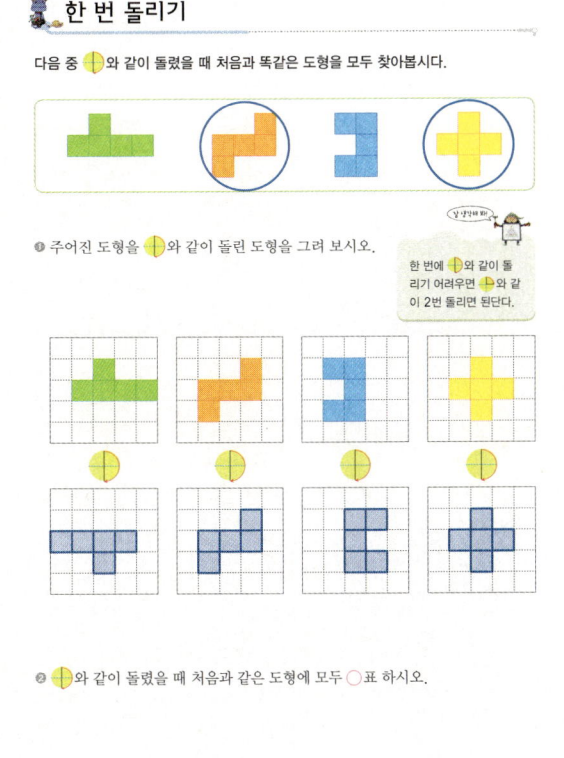

❷ 🔵와 같이 돌렸을 때 처음과 같은 도형에 모두 ○표 하시오.

[나올 수 없는 모양]

1 주어진 모양을 돌렸을 때 나올 수 있는 모양이 아닌 것에 ✕표 하시오.

직각만큼 돌리면서 확인해 보면 쉽지.

[무늬 완성]

2 아인이는 돌리기를 사용하여 △모양으로 다음과 같은 무늬를 만들었습니다. 주어진 모양을 사용하여 아인이와 같은 규칙으로 무늬를 완성하시오.

내가 만든 무늬야.

아인이의 작품

❶

❷

🐢 돌리고 돌리기

주어진 도형을 다음과 같이 돌렸을 때 나오는 모양을 그려 봅시다.

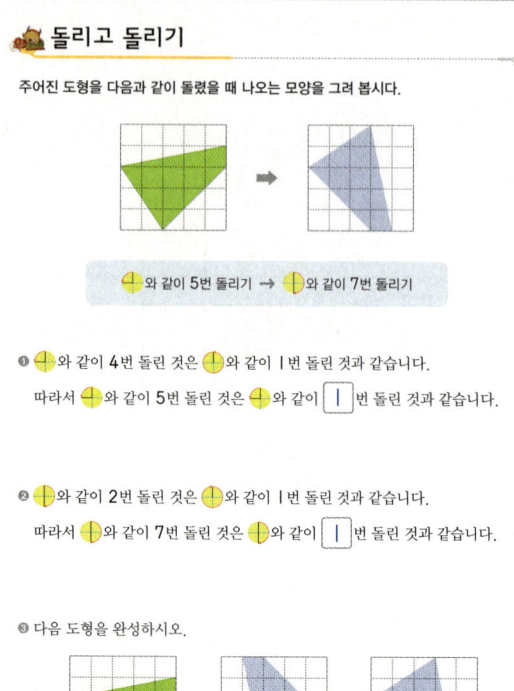

⟳ 와 같이 5번 돌리기 → ⟳ 와 같이 7번 돌리기

❶ ⟳ 와 같이 4번 돌린 것은 ⟳ 와 같이 1번 돌린 것과 같습니다.

따라서 ⟳ 와 같이 5번 돌린 것은 ⟳ 와 같이 | 1 | 번 돌린 것과 같습니다.

❷ ⟳ 와 같이 2번 돌린 것은 ⟳ 와 같이 1번 돌린 것과 같습니다.

따라서 ⟳ 와 같이 7번 돌린 것은 ⟳ 와 같이 | 1 | 번 돌린 것과 같습니다.

❸ 다음 도형을 완성하시오.

[사다리 타기]

1 도형이 사다리를 타고 내려오면서 여러 방향으로 돌아갑니다. 빈 곳에 알맞은 도형을 그리시오.

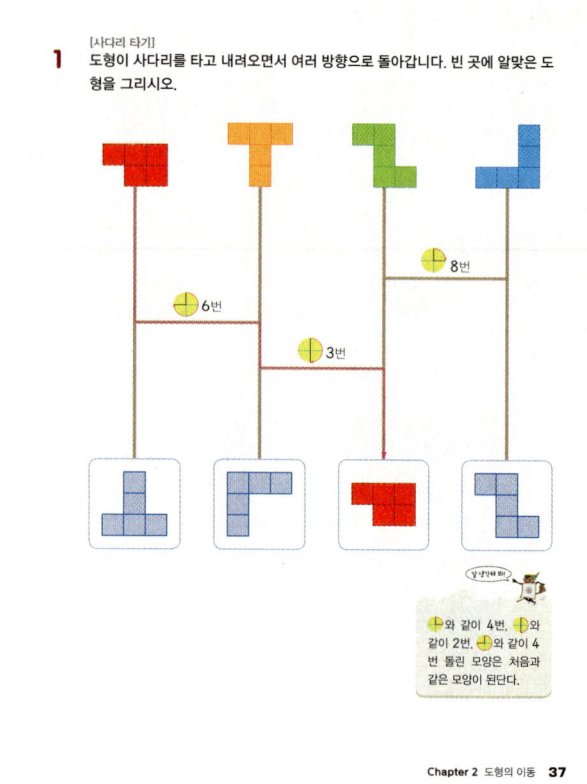

⟳ 6번

⟳ 3번

⟳ 8번

⟳ 와 같이 4번, ⟳ 와 같이 2번, ⟳ 와 같이 4번 돌린 모양은 처음과 같은 모양이 된단다.

⑤ 도형 뒤집기

태경이는 반으로 접은 색종이에 그림을 그린 다음 가위로 잘라서 여러 가지 재미있는 모양을 만들고 있습니다.

광장히 재미있는 모양이 나올 것 같아.

태경이가 선을 따라 색종이를 자른 다음 펼쳤을 때 나오는 모양을 그려 보시오.

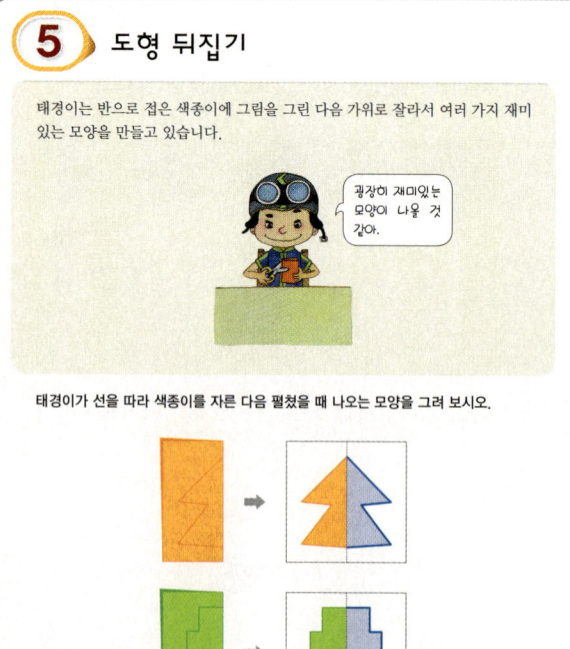

🟢 주어진 도형을 왼쪽, 오른쪽, 위쪽, 아래쪽으로 뒤집은 도형을 각각 그려 보시오.

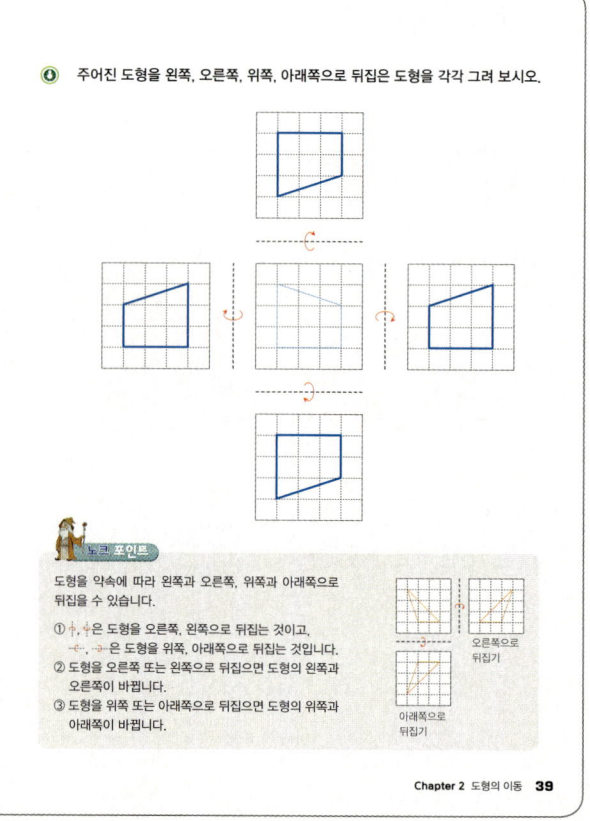

🧙 뉴클 포인트

도형을 약속에 따라 왼쪽과 오른쪽, 위쪽과 아래쪽으로 뒤집을 수 있습니다.

① ⊢, ⊣은 도형을 오른쪽, 왼쪽으로 뒤집는 것이고,
   ⊤, ⊥은 도형을 위쪽, 아래쪽으로 뒤집는 것입니다.

② 도형을 오른쪽 또는 왼쪽으로 뒤집으면 도형의 왼쪽과 오른쪽이 바뀝니다.

③ 도형을 위쪽 또는 아래쪽으로 뒤집으면 도형의 위쪽과 아래쪽이 바뀝니다.

오른쪽으로 뒤집기

아래쪽으로 뒤집기

40·41

🛡 뒤집은 모양

수 배열표 위에 초록색 셀로판지를 올려놓았습니다. 이 셀로판지를 직선 가를 기준으로 오른쪽으로 한 번 뒤집은 다음, 직선 나를 기준으로 아래쪽으로 한 번 뒤집습니다. 초록색 셀로판지에 비치는 수의 합을 구해 봅시다.

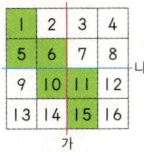

❶ 셀로판지를 직선 **가**를 기준으로 오른쪽으로 뒤집은 모양을 그려 보시오.
  그린 모양을 다시 직선 **나**를 기준으로 아래쪽으로 뒤집은 모양을 그려 보시오.

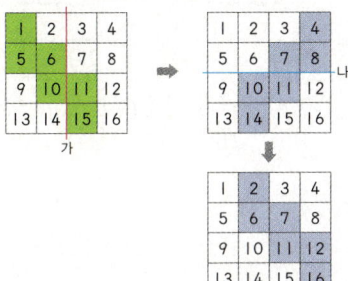

❷ ❶의 마지막 모양에서 셀로판지에 비치는 수의 합을 구하시오. **54**

$$2+6+7+11+12+16=54$$

40 C3 평면도형

---

1 [비스듬히 뒤집기]
다음 도형을 비스듬히 뒤집었을 때의 도형을 그려 보시오.

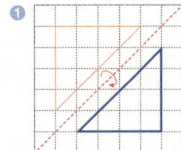

2 [뒤집고 뒤집기]
주어진 방법으로 순서대로 뒤집었을 때 나오는 도형을 그려 보시오.

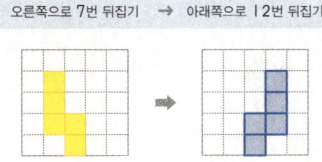

같은 방향으로 짝수 번 뒤집으면 처음과 같은 도형이 됩니다.
오른쪽으로 7번 뒤집기 ➡ 오른쪽으로 1번 뒤집기
아래쪽으로 12번 뒤집기 ➡ 처음과 같은 도형

> 같은 방향으로 짝수 번 뒤집으면 처음과 같은 도형이 된단다.

Chapter 2 도형의 이동 41

42·43

🦔 합쳐진 모양

지오는 점선 위에 거울을 올려놓고 화살표 방향에서 보았습니다. 다음은 거울 속의 모양과 종이 위의 모양이 합쳐진 모양을 그린 것입니다.

준비물 거울

> 거울을 놓는 위치에 따라 모양이 달라지지.

다음 도형 위에 여러 방향으로 거울을 놓았을 때 생기는 모양을 지오와 같은 방법으로 그려 보시오.

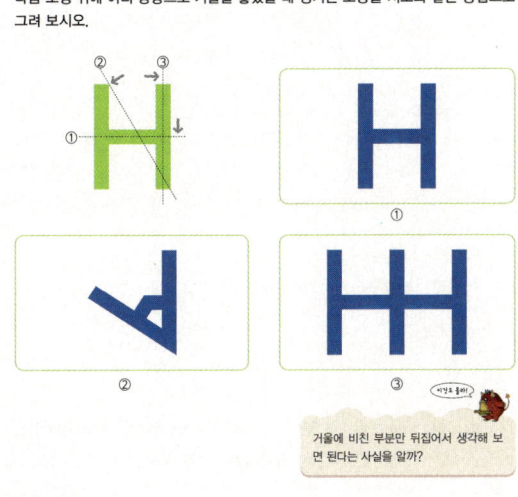

> 거울에 비친 부분만 뒤집어서 생각해 보면 된다는 사실을 알까?

42 C3 평면도형

---

1 [색칠하기]
점선 위에 거울을 올려놓고 화살표 방향에서 보았을 때 보이는 모양을 색칠하여 나타내시오.

준비물 거울

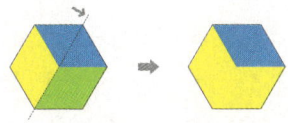

2 [점의 개수]
점선 위에 거울을 올려놓고 화살표 방향에서 보았을 때 거울에 비치는 점과 종이 위의 점의 개수의 합을 ☐ 안에 쓰시오.

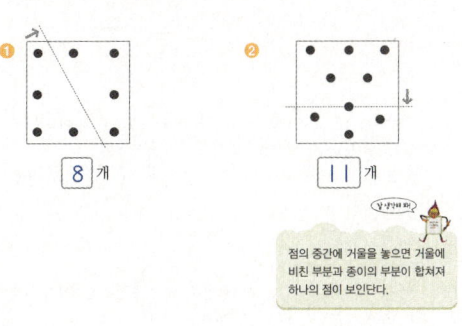

❶ **8** 개   ❷ **11** 개

> 점의 중간에 거울을 놓으면 거울에 비친 부분과 종이의 부분이 합쳐져 하나의 점이 보인단다.

Chapter 2 도형의 이동 43

⑥ 문자와 숫자

투명한 셀로판지로 만든 디지털 숫자 카드가 있습니다. 꼬마 요괴의 문제를 듣고 10장의 카드 중 알맞은 카드를 찾아 쓰시오.

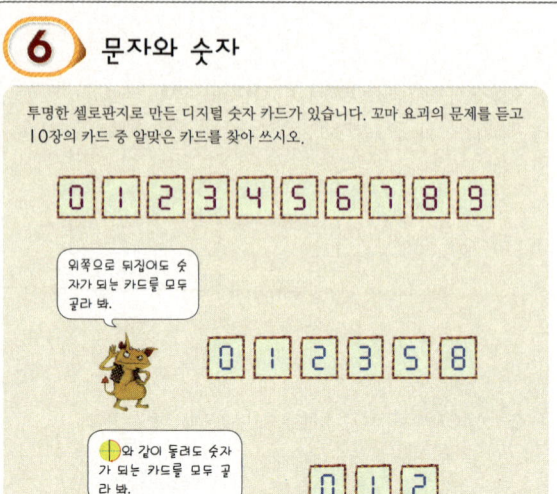

위쪽으로 뒤집어도 숫자가 되는 카드를 모두 골라 봐.

0 1 2 3 5 8

🔄와 같이 돌려도 숫자가 되는 카드를 모두 골라 봐.

0 1 2
5 6 8 9

카드를 오른쪽으로 뒤집어도 숫자가 되는 카드를 모두 골라 봐.

0 1 2 5 8

🟢 수 카드를 🔄와 같이 돌렸을 때 나타나는 수를 써 보시오.

19 ➡ 61

68 ➡ 89

숫자를 하나씩 돌리지 말고, 수 카드 전체를 돌려 봐.

🟢 수 카드를 다음과 같이 움직였을 때 나타나는 수를 써 보시오.

102 ⬍ 🔄 105

385 🔄⬍ 382

102 ⬍ 501 ⬍ 105
385 ⬍ 58E ⬍ 382

🏇 **톡톡 포인트**

① 문자와 숫자 중에는 🔄와 같이 돌려도 문자나 숫자가 되는 경우가 있습니다.

H 🔄 H, M 🔄 W, ㄹ 🔄 2, ㅁ 🔄 ㅁ, 5 🔄 5, 6 🔄 9

② 문자와 숫자 중에는 뒤집히면 문자나 숫자가 되는 경우가 있습니다.

A ⬍ A, X ⬍ X, ㅂ ⬍ ㅂ, ㅈ ⬍ ㅈ, 2 ⬍ 5, 8 ⬍ 8

🛡 뒤집어도 돌려도

다음 알파벳을 보고 물음에 답하시오.

🟢 준비물 거울

② ↑   ①

A B C D E F
G H I J M N
O P Q R S T

❶ ①의 위치에 거울을 올려놓고 화살표 방향에서 보았을 때, 거울 속의 모양이 원래의 모양과 같은 알파벳을 위에서 찾아 모두 쓰시오.

A, H, I, M, O, T

❷ ②의 위치에 거울을 올려놓고 화살표 방향에서 보았을 때, 거울 속의 모양이 원래의 모양과 같은 알파벳을 위에서 찾아 모두 쓰시오.

B, C, D, E, H, I, O

❸ 🔄와 같이 돌렸을 때 나오는 모양이 원래의 모양과 같은 알파벳을 위에서 찾아 모두 쓰시오.

H, I, N, O, S

[한글]

1 한글의 자음과 모음을 쓴 것입니다. 다음 물음에 답하시오.

🟢 준비물 거울

② ↑   ①

자음   ㄱ ㄴ ㄹ ㅂ ㅅ
      ㅇ ㅈ ㅋ ㅍ ㅎ

모음   ㅏ ㅑ ㅓ ㅕ ㅗ
      ㅛ ㅜ ㅠ ㅡ ㅣ

❶ ①의 위치와 ②의 위치에 각각 거울을 올려놓고 화살표 방향에서 보았을 때, 거울 속의 모양이 모두 원래의 모양과 같은 자음을 모두 찾아 쓰시오.

ㅇ, ㅍ

❷ 자음 ㄱ을 🔄와 같이 돌렸을 때 나오는 모양과 같은 자음을 쓰시오. ㄴ

❸ 🔄와 같이 돌렸을 때 나오는 모양이 서로 뒤바뀌는 모음끼리 짝지어 보시오. ㅏ, ㅓ / ㅑ, ㅕ / ㅗ, ㅜ / ㅛ, ㅠ

🐾 글자 뒤집고, 돌리고

태경이는 학교 미술 시간에 조각칼을 사용하여 다음과 같은 도장을 만들었습니다.

내가 만든 도장 멋지지~

초이, 지오, 아인이도 태경이와 같은 방법으로 도장을 만들려고 합니다. 도장을 찍은 글자를 보고 조각칼로 새겨야 하는 모양을 나타내시오.

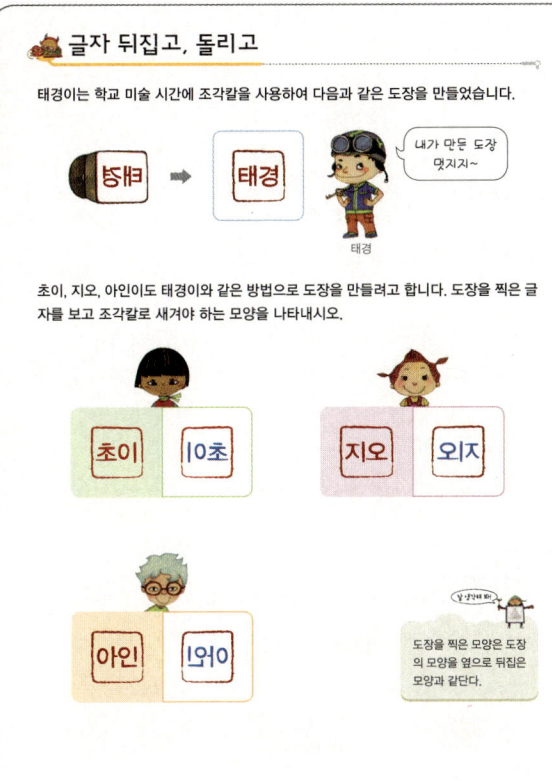

도장을 찍은 모양은 도장의 모양을 옆으로 뒤집은 모양과 같단다.

1 [글자 카드]
꼬마 요괴들이 말하는 방법으로 움직여도 글자가 되는 카드를 찾아 빈 카드에 나타내시오.

🧒 창의적 문제해결력

1 다음 도형을 아래로 뒤집은 다음 🕐와 같이 돌린 모양을 그려 보시오. 또, 한 번만 움직여서 같은 모양을 만들려면 어떻게 움직여야 하는지 나타내시오.

2 다음 모양을 🕐, 🕑, 🕒, 🕓와 같이 돌려서 나타나는 모양을 모두 오른쪽 모눈 위에 겹쳐서 색칠하여 나타내었습니다. 색칠하지 않은 칸은 모두 몇 개인지 구하시오. **1개**

3 도형을 주어진 방법에 따라 움직였습니다. 각 모양과 관계있는 글자를 찾아 차례로 쓰시오. **수학마법**

📍 동영상 특강
QR 코드를 찍어 보세요!

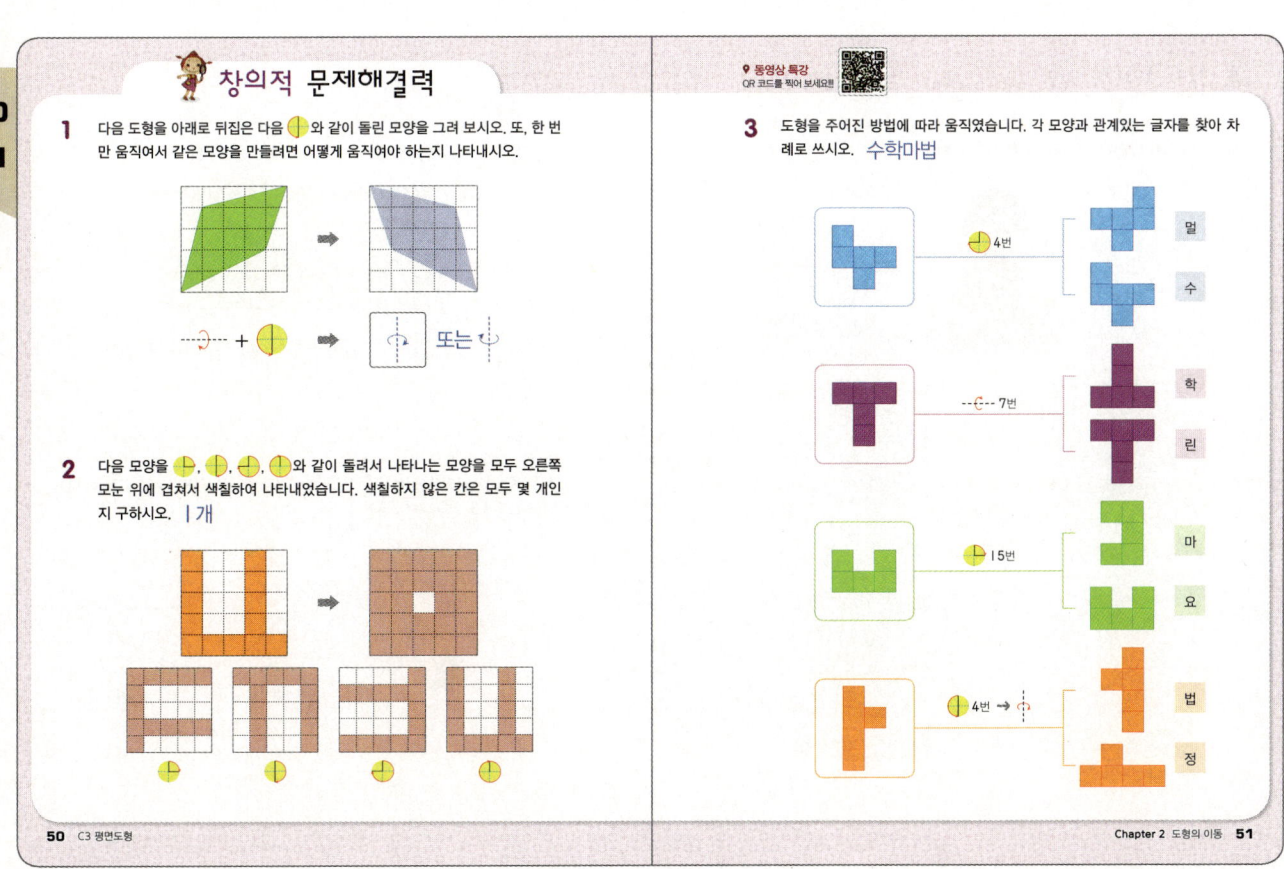

도형의 개수

7 도형의 개수

주어진 그림에 선분 1개를 그은 후 선분을 따라 잘라서 모두 직각삼각형 4개로 만들면 대마왕의 성을 빠져나갈 수 있습니다. 직각삼각형 4개보다 더 많은 도형을 만들면 안 됩니다.

선분을 따라 잘라서 직각삼각형 4개를 만들려고 합니다. 잘라야 하는 선분을 1개 더 그어 보시오.

직각삼각형 4개

직각삼각형 4개

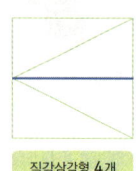
직각삼각형 4개

다음 도형에서 크고 작은 직각삼각형을 모두 찾아 그려 보시오.

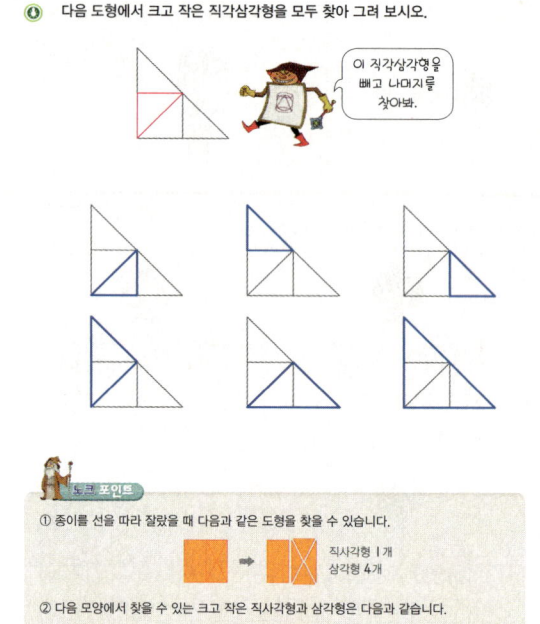

체크 포인트

① 종이를 선을 따라 잘랐을 때 다음과 같은 도형을 찾을 수 있습니다.

직사각형 1개
삼각형 4개

② 다음 모양에서 찾을 수 있는 크고 작은 직사각형과 삼각형은 다음과 같습니다.

직사각형: 3개   삼각형: ▼2개, ▶2개, ◢4개

자른 도형의 개수

초이는 색종이를 잘라 직사각형과 직각삼각형을 만들고 있습니다. 색종이를 선을 따라 잘랐을 때 생기는 직사각형과 직각삼각형의 개수를 쓰시오.

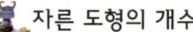

정사각형을 직사각형이라고 말할 수 있으니까 직사각형의 개수를 셀 때에는 정사각형의 개수도 세야 하는 거야.

직사각형	직각삼각형
3	2

직사각형	직각삼각형
1	3

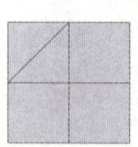

직사각형	직각삼각형
1	4

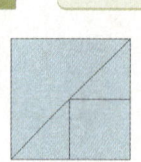

직사각형	직각삼각형
1	4

[자르기]

1 다음 종이를 선을 따라 잘랐을 때 생기는 직사각형과 직각삼각형의 개수를 쓰시오.

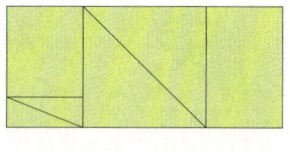

직사각형: 2 개   직각삼각형: 4 개

[선 긋기]

2 선을 따라 색종이를 잘라 주어진 개수의 직각삼각형을 만들려고 합니다. 종이 위에 자르는 선을 그어 보시오.

여러 번 잘라도 되지만 남은 조각은 없어야 돼.

직각삼각형 3개

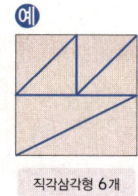
직각삼각형 6개

여러 가지 답이 있습니다.

🐻 크고 작은 도형의 개수

58·59

직사각형 3개를 겹쳐서 그렸습니다. 선을 따라 그릴 수 있는 직사각형의 개수를 구해 봅시다.

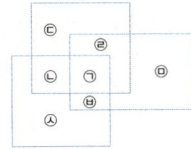

❶ ㉠과 같이 1칸으로 이루어진 직사각형을 찾아 기호를 모두 쓰시오.

㉠, ㉤, ㉻

❷ 2칸으로 이루어진 직사각형을 모두 쓰시오.

(㉠, ㉢), (㉠, ㉤), (㉠, ㉻)

2칸 직사각형

4칸 직사각형

❸ 4칸으로 이루어진 직사각형을 모두 쓰시오.

(㉠, ㉤, ㉻, ㉾),

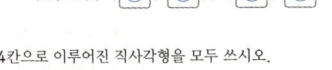
(㉠, ㉤, ㉢, ㉣),

(㉠, ㉢, ㉣, ㉻)

❹ 선을 따라 그릴 수 있는 직사각형은 모두 몇 개입니까? 9개

[크고 작은 직각삼각형]
1 다음 그림에서 찾을 수 있는 크고 작은 직각삼각형의 개수를 구하시오. 10개

1칸짜리: 5개
2칸짜리: 3개
3칸짜리: 1개
4칸짜리: 1개

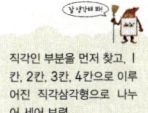
직각인 부분을 먼저 찾고, 1칸, 2칸, 3칸, 4칸으로 이루어진 직각삼각형으로 나누어 세어 보렴.

[더 많은 직사각형]
2 초이와 지오는 각자 자신의 도형에서 크고 작은 직사각형을 찾고 있습니다. 누가 몇 개 더 많이 찾을 수 있습니까? 초이, 2개

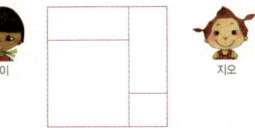
초이

지오

직사각형의 개수: 7개   직사각형의 개수: 5개

---

⑧ 사각형의 개수

60·61

지오와 울보 요괴가 다음 도형에서 크고 작은 직사각형을 찾아 세고 있습니다.

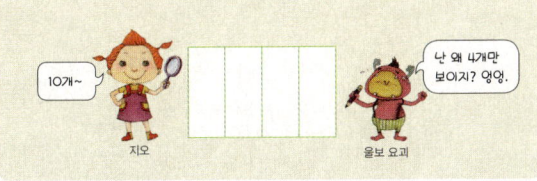
10개~
지오

난 왜 4개만 보이지? 앙앙.
울보 요괴

다음 도형에서 찾을 수 있는 크고 작은 직사각형의 개수를 세어 보시오.

1칸짜리: 4개   2칸짜리: 3 개

3칸짜리: 2 개   4칸짜리: 1 개

따라서 찾을 수 있는 크고 작은 직사각형은 모두 10개입니다.

지오와 울보 요괴가 센 직사각형의 개수가 다른 이유는 무엇인지 이야기해 보시오.

울보 요괴는 1칸짜리 직사각형의 개수만 세었고, 지오는 크고 작은 직사각형의 개수를 모두 세었습니다.

🔵 다음 도형에서 찾을 수 있는 사각형의 종류를 모두 그려 보시오.

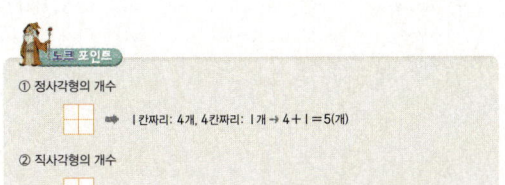
5칸짜리 사각형은 찾을 수가 없어. 앙앙~

🧙 토르 포인트

① 정사각형의 개수

➡ 1칸짜리: 4개, 4칸짜리: 1개 ➡ 4 + 1 = 5(개)

② 직사각형의 개수

➡ 1칸짜리: 4개, 2칸짜리: 4개, 4칸짜리: 1개 ➡ 4 + 4 + 1 = 9(개)

정답 및 해설 **13**

🔷 분류하여 세기

다음 도형에서 찾을 수 있는 크고 작은 직사각형의 개수를 구해 봅시다.

말풍선: 와 는 모두 2칸짜리지만 다른 직사각형이야.

❶ 도형에서 찾을 수 있는 직사각형의 종류를 모두 그려 보시오.

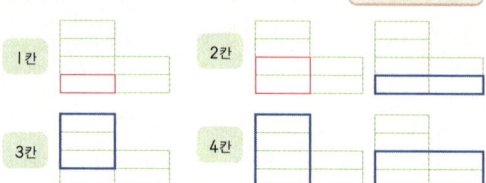

1칸   2칸   3칸   4칸

❷ ❶에서 그린 직사각형이 각각 몇 개씩 있는지 구하시오.

1칸짜리: 6 개   2칸짜리: 4 개, 2 개
3칸짜리: 2 개   4칸짜리: 1 개, 1 개

❸ 찾을 수 있는 크고 작은 직사각형은 모두 몇 개입니까? 16개

[정사각형]
1 다음 도형에서 찾을 수 있는 크고 작은 정사각형의 개수를 구하시오. 6개

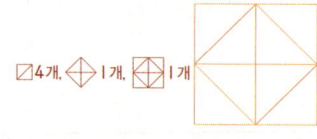

☐ 4개, ◇ 1개, ◈ 1개

말풍선: 정사각형의 종류를 모두 찾아야 해.

[정사각형과 직사각형]
2 다음 도형에서 찾을 수 있는 정사각형과 직사각형의 개수를 각각 구하시오.

정사각형 9개, 직사각형 19개

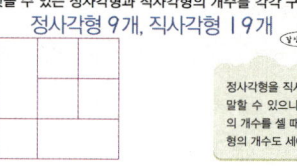

말풍선: 정사각형을 직사각형이라고 말할 수 있으니까 직사각형의 개수를 셀 때에는 정사각형의 개수도 세야 해.

〈정사각형〉
1칸짜리: 5개, 3칸짜리: 2개, 4칸짜리: 1개, 전체: 1개
〈직사각형〉
1칸짜리: 7개, 2칸짜리: 6개, 3칸짜리: 2개
4칸짜리: 1개, 5칸짜리: 2개, 전체: 1개

🔶 규칙 찾아 세기

다음 도형에서 선을 따라 그릴 수 있는 정사각형의 개수를 구하시오.

말풍선: 한 칸짜리 정사각형은 4×4=16(개)란다.

말풍선: 가장 큰 정사각형은 16칸짜리 1개야.

❶ 도형에서 찾을 수 있는 정사각형의 종류를 모두 쓰시오.

1칸짜리, 4칸짜리, 9칸짜리, 16칸짜리

❷ ❶에서 찾은 정사각형의 개수와 개수를 세는 규칙을 찾아 다음 표를 완성하시오.

말풍선: 정사각형의 개수를 세는 규칙을 곱셈식으로 나타내어 보렴.

정사각형의 종류	1칸짜리	4칸짜리	9칸짜리	16칸짜리
개수	16	9	4	1
규칙	4×4	3×3	2×2	1×1

❸ 선을 따라 그릴 수 있는 정사각형은 모두 몇 개입니까? 30개

[직사각형의 개수]
1 다음 도형에서 찾을 수 있는 크고 작은 직사각형의 개수를 구하시오.

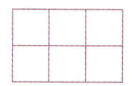

❶ 도형의 가로 한 줄에서 찾을 수 있는 크고 작은 직사각형의 개수를 구하시오. 6개

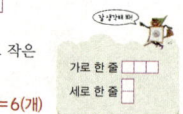

말풍선: 가로 한 줄 / 세로 한 줄

☐ 3개, ☐ 2개, ☐ 1개 ➡ 3+2+1=6(개)

❷ 도형의 세로 한 줄에서 찾을 수 있는 크고 작은 직사각형의 개수를 구하시오. 3개

☐ 2개, ☐ 1개 ➡ 2+1=3(개)

❸ ❶, ❷에서 찾은 개수의 곱을 사용하여 위의 도형에서 찾을 수 있는 크고 작은 직사각형의 개수를 구하시오.

6 × 3 = 18 (개)

[개수의 차]
2 다음 도형에서 찾을 수 있는 정사각형과 직사각형의 개수의 차를 구하시오.

22개

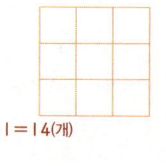

〈정사각형〉
3×3+2×2+1×1=14(개)
〈직사각형〉
가로: 3+2+1=6, 세로: 3+2+1=6
6×6=36(개)

14 C3 평면도형

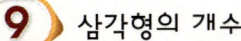

9 삼각형의 개수

잔디밭 위에 다음과 같이 말뚝이 박혀 있습니다. 아인이는 3개의 말뚝에 줄을 걸어 직각삼각형을 만들고 있습니다.

다른 직각삼각형이 또 있을까?

아인이가 만들 수 있는 크기와 모양이 다른 직각삼각형을 모두 그려 보시오.

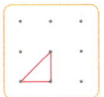 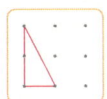  

세 변의 길이가 모두 같은 삼각형을 정삼각형이라고 합니다. 다음 점을 이어서 주어진 개수만큼 정삼각형을 그려 보시오.

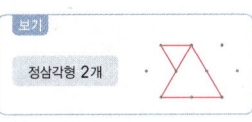

보기

정삼각형 2개

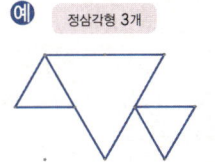 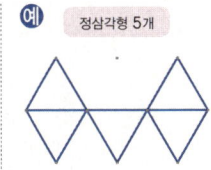

예 정삼각형 3개   예 정삼각형 5개

여러 가지 답이 있습니다.

노크 포인트

주어진 모양에서 찾을 수 있는 크고 작은 삼각형의 개수를 다음 순서에 따라 셀 수 있습니다.

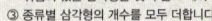

① 삼각형의 종류를 모두 찾습니다.
② ①에서 찾은 삼각형이 몇 개씩 있는지 개수를 셉니다. 이때, 오른쪽과 같이 뒤집혀 있는 삼각형을 잊지 않고 세어야 합니다.
③ 종류별 삼각형의 개수를 모두 더합니다.

직각삼각형의 개수

다음 도형에서 찾을 수 있는 크고 작은 직각삼각형의 개수를 구하시오.

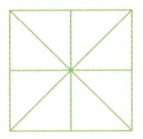

종류냈로 세어 봐야지.

❶ 도형에서 찾을 수 있는 직각삼각형의 종류를 모두 그려 보시오.

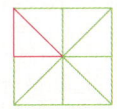 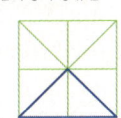 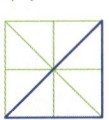

❷ ❶에서 그린 직각삼각형의 개수를 각각 세어 다음 표를 완성하시오.

직각삼각형의 종류			
개수	8	4	4

꼭짓점을 기준으로 직각삼각형의 개수를 세면 좀 더 쉽게 셀 수 있어.

❸ 찾을 수 있는 크고 작은 직각삼각형은 모두 몇 개입니까? 16개

[직각삼각형의 종류]
1 오른쪽 도형에서 찾을 수 있는 직각삼각형의 종류를 모두 그려 보시오.

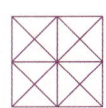

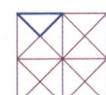  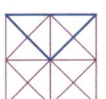 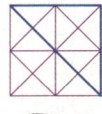

1칸짜리, 2칸짜리, 4칸짜리, 8칸짜리 직각삼각형이 있어.

[직각삼각형의 개수]
2 다음 도형에서 찾을 수 있는 크고 작은 직각삼각형의 개수를 구하시오. 16개

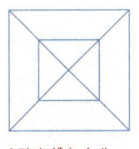

직각삼각형의 종류를 먼저 찾아야 해.

1칸짜리(◁): 4개
2칸짜리(◁, ▷): 8개
4칸짜리(◁): 4개

🐻 정삼각형의 개수

다음 도형은 정삼각형 16개를 사용하여 만든 것입니다. 이 도형에서 찾을 수 있는 크고 작은 정삼각형의 개수를 구하시오.

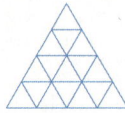

❶ 도형에서 찾을 수 있는 정삼각형의 종류를 모두 그려 보시오.

세 변의 길이가 모두 같은 삼각형을 정삼각형이라고 한다.

❷ ❶에서 그린 정삼각형의 개수를 각각 세어 다음 표를 완성하시오.

정삼각형의 종류	△	
개수	16	7
정삼각형의 종류		
개수	3	1

뒤집혀져 있는 삼각형도 세어야 한다는 것을 잊지 않았지?

❸ 찾을 수 있는 크고 작은 정삼각형은 모두 몇 개입니까? 27개

---

1 [벌집]
정삼각형 18개를 사용하여 다음과 같은 벌집 모양을 만들었습니다. 벌집에서 찾을 수 있는 크고 작은 정삼각형의 개수를 구하시오. **26개**

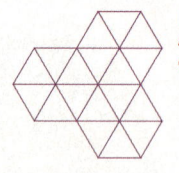

1칸짜리: 18개
4칸짜리: 6개
9칸짜리: 2개

2 [찾을 수 있는 정삼각형]
정삼각형 11개를 사용하여 만든 다음 모양에서 찾을 수 있는 크고 작은 정삼각형의 개수를 구하시오. **16개**

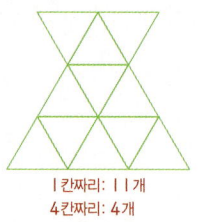

1칸짜리: 11개
4칸짜리: 4개
9칸짜리: 1개

👩 창의적 문제해결력

1 점 종이 위의 4개의 점을 이어 정사각형을 그리려고 합니다. 그릴 수 있는 크고 작은 정사각형의 개수를 구하시오. **6개**

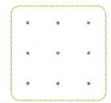

▢ : 4개
◇ : 1개
▢ : 1개

2 다음 도형에서 찾을 수 있는 직각삼각형과 직사각형의 개수를 각각 구하시오.
직각삼각형 6개, 직사각형 18개

〈직각삼각형〉
1칸짜리: 2개
2칸짜리: 2개
3칸짜리: 2개

〈직사각형〉
1칸짜리: 3개, 2칸짜리: 5개
3칸짜리: 4개, 4칸짜리: 2개
6칸짜리: 3개, 9칸짜리: 1개

♀ 동영상 특강
QR 코드를 찍어 보세요!!

3 다음과 같이 정사각형 모양 색종이를 3번 접었습니다. 색종이를 다시 펼쳤을 때, 접은 선을 따라 그릴 수 있는 직사각형의 개수를 구하시오. **30개**

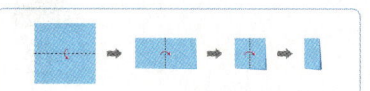

(가로 한 줄에서 찾을 수 있는 직사각형의 개수)
4+3+2+1=10
(세로 한 줄에서 찾을 수 있는 직사각형의 개수)
2+1=3
→10×3=30(개)

4 다음 도형에서 찾을 수 있는 크고 작은 정삼각형의 개수를 구하시오. **28개**

정삼각형 1칸짜리, 4칸짜리, 9칸짜리 3종류밖에 없어.

1칸짜리: 18개
4칸짜리: 8개
9칸짜리: 2개

10 폴리오미노

헨리 왕자가 프랑스의 귀족 루이와 체스를 하였습니다. 시합에서 질 것 같은 헨리 왕자는 지기 싫은 마음에 체스판을 바닥에 내리쳤고, 체스판은 산산이 부서졌습니다.

> 흥, 이번 시합 결과는 인정할 수 없어!

체스판은 모두 13조각으로 나누어졌는데 정사각형 4개를 이어 붙인 테트라미노 1조각과 정사각형 5개를 이어 붙인 펜토미노 12조각이었습니다.

나누어진 13조각을 맞추어 체스판을 고쳐 봅시다. 조각을 어떻게 이어 붙여야 하는지 나타내어 보시오.

준비물 체스판 13조각

> 이것 어떻게 다 맞추지?

> 펜토미노 조각 맞추기는 우뇌와 좌뇌를 동시에 계발시키는 좋은 퍼즐이란다.

노크 포인트

폴리오미노(polyomino)는 여러 개의 정사각형을 변끼리 이어 붙여 만든 도형을 말합니다. 이어 붙인 정사각형의 개수에 따라 모노미노(monomino), 도미노(domino), 트리오미노(triomino), 테트로미노(tetromino), 펜토미노(pentomino), 헥소미노(hexomino) 등으로 부릅니다.

정사각형 1개	정사각형 2개	정사각형 3개	정사각형 4개	정사각형 5개	정사각형 6개
모노미노	도미노	트리오미노	테트로미노	펜토미노	헥소미노

정사각형 붙이기

정사각형 4개를 이어 붙여 만든 테트로미노는 다음과 같이 5가지가 있습니다. 같은 방법으로 정사각형 5개로 만든 모양을 펜토미노라고 합니다. 테트로미노를 사용하여 펜토미노를 만들어 보시오.

❶ 'ㄴ'자 모양 테트로미노의 ①~⑨의 자리에 정사각형을 하나 더 붙여서 만들 수 있는 펜토미노를 모두 그려 보시오.

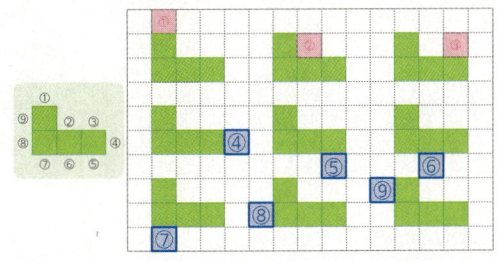

❷ 다음 테트로미노에 정사각형을 하나 붙여서 ❶에서 만든 모양과 다른 펜토미노를 그려 보시오. (단, 돌리거나 뒤집어서 같은 모양은 한 가지만 그립니다.)

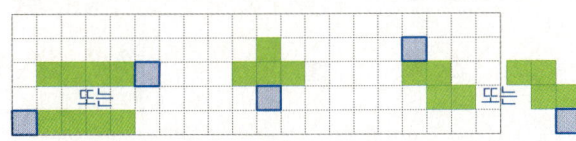

또는   또는

[펜토미노 퍼즐]

1 다음 모양을 A, B, C, D, E가 한 번씩 들어가도록 서로 다른 모양의 펜토미노 5조각으로 나누어 보시오.

A	B	E	A	B
C	B	B	D	C
D	A	A	C	E
D	C	C	D	E
E	E	A	D	B

[헥소미노]

2 정사각형 6개를 변끼리 이어 붙여 만든 모양을 헥소미노라고 합니다. 다음 펜토미노 조각에 정사각형 하나를 더 붙여서 만들 수 있는 서로 다른 헥소미노는 모두 몇 가지입니까? **5가지**

> 돌리거나 뒤집어서 같은 모양은 같은 조각인 거 알까?
> =

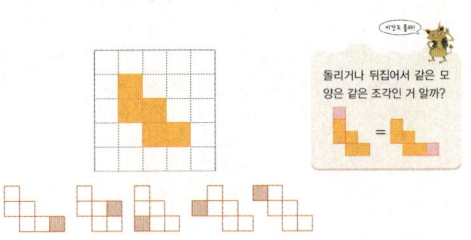

정답 및 해설 **17**

🐿 폴리아몬드

여러 개의 정삼각형을 변끼리 이어 붙여서 만든 모양을 폴리아몬드라고 합니다. 여러 가지 폴리아몬드를 만들어 봅시다.

모니아몬드   다이아몬드   트리아몬드

❶ 정삼각형 2개로 만든 다이아몬드의 ①~④의 자리에 정삼각형을 하나 더 붙여서 만들 수 있는 트리아몬드를 그려 보시오. (단, 돌리거나 뒤집어서 같은 모양은 한 가지만 그립니다.)

 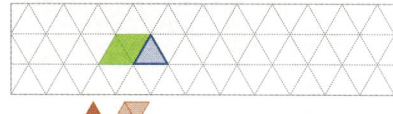

▽ · ◁ 은 모두 같은 모양입니다.

❷ 정삼각형 4개를 변끼리 이어 붙여 만든 도형을 테트리아몬드라고 합니다. 서로 다른 테트리아몬드를 모두 그려 보시오. (단, 돌리거나 뒤집어서 같은 모양은 한 가지만 그립니다.)

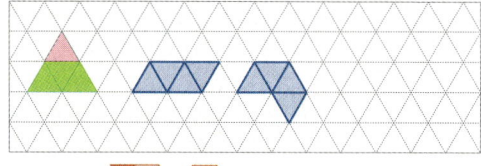

◁ · ▷ 은 위와 같은 모양입니다.

1 [펜티아몬드]
정삼각형 5개를 변끼리 이어 붙여 만든 펜티아몬드를 모두 그려 보시오. (단, 돌리거나 뒤집어서 같은 모양은 한 가지만 그립니다.)

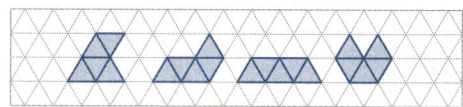

2 [헥시아몬드]
정삼각형 6개를 변끼리 이어 붙여 만든 헥시아몬드를 모두 그려 보시오. (단, 돌리거나 뒤집어서 같은 모양은 한 가지만 그립니다.)

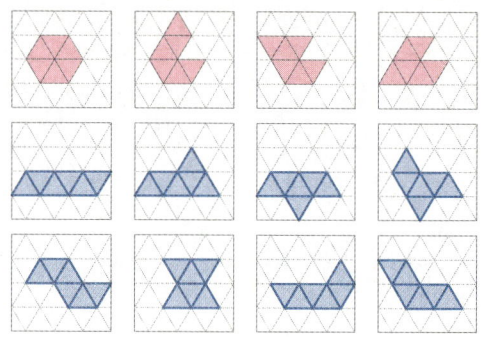

⑪ 폴리탄

마법 나라에 사는 도형 친구 5명이 광장에서 만나기로 했습니다. 그런데 약속 장소에 나온 도형 친구는 한 명 더 많은 6명입니다.

우리 중에 스파이가 숨어 있는 것이 분명해!

가   나   다   라   마   바

도형 친구들을 다음 모눈 위에 그리고, 모양이 다른 도형 하나를 찾아 ✕표 하시오.

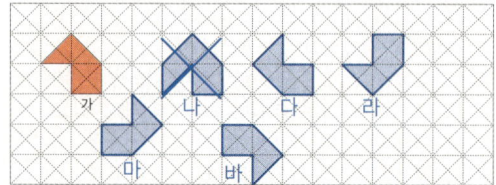

가   나   다   라   마   바

🌀 왼쪽 모양을 여러 방향으로 돌리거나 뒤집었을 때의 모양을 각각 그리시오.

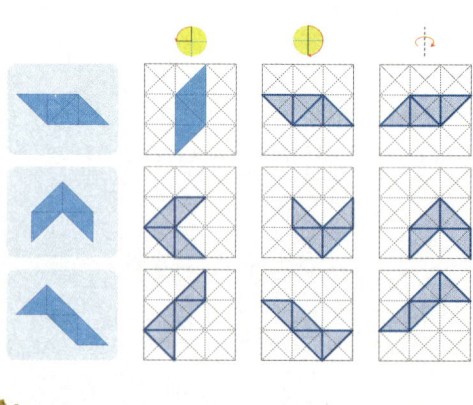

🧙 톡톡 포인트

폴리아볼로(polyabolo)는 여러 개의 직각삼각형을 길이가 같은 변끼리 이어 붙여 만든 도형입니다. 폴리아볼로를 **폴리탄**(polytan)이라고도 부르는데 폴리탄의 'tan'은 칠교의 다른 이름인 탱그램(tangram)의 'tan'과 같습니다. 탱그램에는 여러 개의 폴리아볼로 조각이 있기 때문입니다.

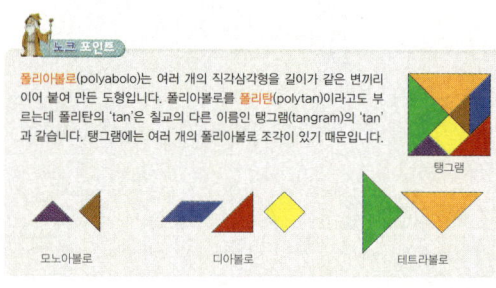

탱그램

모노아볼로   디아볼로   테트라볼로

🐻 테트라볼로

여러 개의 직각삼각형을 길이가 같은 변끼리 이어 붙여 만든 도형을 폴리아볼로라고 합니다. 여러 가지 폴리아볼로를 알아봅시다.

❶ 크기가 같은 직각삼각형 2개를 이어 붙여 만든 디아볼로를 모두 그려 보시오. (단, 돌리거나 뒤집어서 같은 모양은 한 가지만 그립니다.)

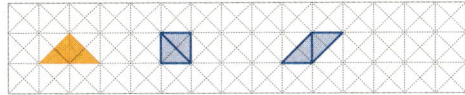

❷ 크기가 같은 직각삼각형 3개를 이어 붙여 만든 트리아볼로를 모두 그려 보시오. (단, 돌리거나 뒤집어서 같은 모양은 한 가지만 그립니다.)

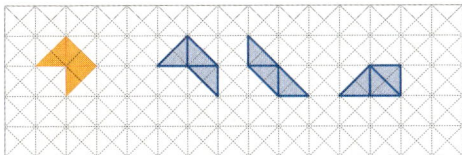

[테트라볼로 만들기 1]
1 주어진 트리아볼로 모양의 ①~⑤의 자리에 크기가 같은 직각삼각형을 하나 더 붙여서 만들 수 있는 서로 다른 모양을 모두 그려 보시오. (단, 돌리거나 뒤집어서 같은 모양은 한 가지만 그립니다.)

주의 ④에 직각삼각형을 다음과 같이 붙인 모양은 ②-2와 똑같은 모양입니다.

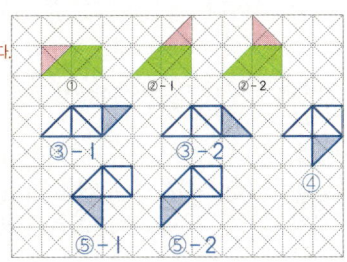

[테트라볼로 만들기 2]
2 주어진 트리아볼로 모양에 크기가 같은 직각삼각형을 하나 더 붙여서 만들 수 있는 모양 중 **1**에서 만든 모양과 다른 모양을 모두 그려 보시오. (단, 돌리거나 뒤집어서 같은 모양은 한 가지만 그립니다.)

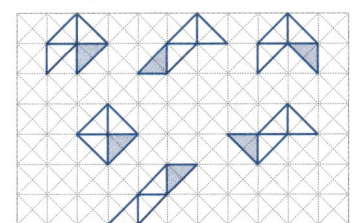

🐱 다른 도형 붙이기

정사각형 종이 1장과 같은 크기의 종이를 똑같이 반으로 잘라 만든 직각삼각형 종이 2장이 있습니다.

❶ 정사각형과 직각삼각형 모양 1개를 길이가 같은 변끼리 이어 붙여 만들 수 있는 모양을 그려 보시오. (단, 돌리거나 뒤집어서 같은 모양은 한 가지만 그립니다.)

❷ ❶에서 만든 모양에 직각삼각형 1개를 더 이어 붙여 만든 서로 다른 모양을 모두 그려 보시오. (단, 돌리거나 뒤집어서 같은 모양은 한 가지만 그립니다.)

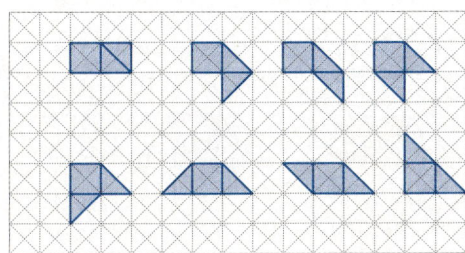

[색종이 붙이기]
1 정사각형 종이 1장과 같은 종이를 똑같이 반으로 잘라 만든 직사각형 종이 2장이 있습니다. 이 3장의 종이를 길이가 같은 변끼리 이어 붙여 만들 수 있는 서로 다른 모양을 모두 그려 보시오. (단, 돌리거나 뒤집어서 같은 모양은 한 가지만 그립니다.)

붙인 방법은 달라도 만들어진 모양의 테두리가 같으면 같은 모양으로 본다.

[다이아몬드 붙이기]
2 크기가 같은 정삼각형 2개를 이어 붙여 만든 도형을 다이아몬드라고 합니다. 다이아몬드 3개를 길이가 같은 변끼리 이어 붙여 만들 수 있는 서로 다른 모양을 모두 그려 보시오. (단, 돌리거나 뒤집어서 같은 모양은 한 가지만 그립니다.)

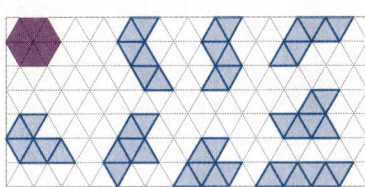

정답 및 해설   **19**

12 도형 나누기

평생 농사를 지으며 살아온 아버지에게는 정사각형 모양의 커다란 땅이 있습니다. 아버지께서 네 딸들에게 땅을 나누어 주려고 합니다. 땅을 나누기 위해 아버지는 자신의 땅을 16개의 작은 정사각형으로 나누었습니다.

각자 자신의 집이 있는 땅을 포함하여 직사각형 모양의 땅을 가질 수 있단다. 첫째는 6칸, 둘째는 4칸, 셋째와 넷째는 각각 3칸의 땅을 가지도록 해라.

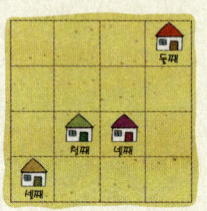

아버지 첫째 둘째 셋째 넷째

딸들의 집이 있는 칸에 그 딸이 가질 수 있는 땅의 칸 수를 써넣으시오. 각 딸들에게 아버지의 조건에 맞게 땅을 나누어 주는 방법을 그려 보시오.

사각형 나누기 퍼즐을 하시오. 직사각형 모양으로 나누어야 하며, 주어진 수는 직사각형 모양을 이루는 칸의 수입니다.

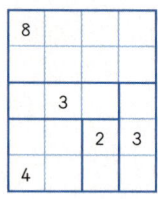

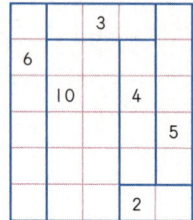

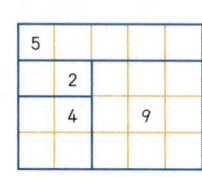

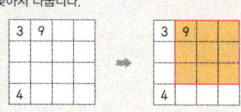

🔍 **도르 포인트**

사각형 나누기 퍼즐을 할 때에는 가장 큰 수가 있는 직사각형부터 먼저 찾은 다음, 나머지 사각형을 찾아서 나눕니다.

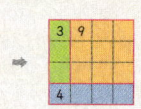

똑같이 나누기

다음 펜토미노를 크기와 모양이 같은 4개의 도형으로 나누어 봅시다.

❶ 정사각형 하나를 크기가 같은 4개의 작은 정사각형으로 모두 나누어 보시오. 주어진 도형은 모두 몇 개의 작은 정사각형으로 나눌 수 있습니까? 20개

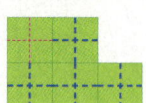

❷ 크기와 모양이 같은 4개의 도형으로 나눌 때, 각 도형을 이루는 작은 정사각형은 몇 개씩입니까? 5개

❸ 크기와 모양이 같은 4개의 도형으로 나누어 보시오.

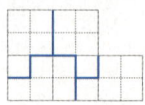

[펜토미노로 나누기]

1 정사각형 20개로 만든 도형을 크기와 모양이 같은 도형 4로 나누어 보시오.

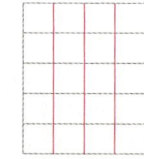 **예**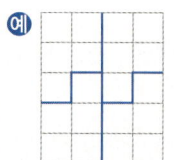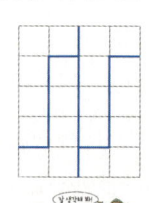

여러 가지 답이 있습니다.

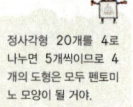
정사각형 20개를 4로 나누면 5개씩이므로 4개의 도형은 모두 펜토미노 모양이 될 거야.

[폴리아몬드]

2 정삼각형을 이어 붙여 만든 모양을 크기와 모양이 같은 4개의 도형으로 나누어 보시오.

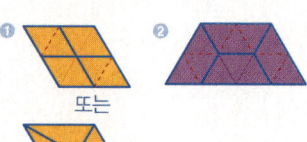

또는

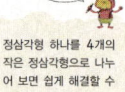
정삼각형 하나를 4개의 작은 정삼각형으로 나누어 보면 쉽게 해결할 수 있어.

20 C3 평면도형

🐢 정사각형으로 나누기

직사각형을 5개의 정사각형으로 나눈 것입니다. 이 직사각형을 15개의 정사각형으로 나누는 방법을 알아봅시다.

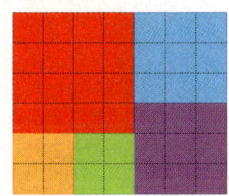

❶ 가로 3칸, 세로 3칸인 정사각형을 다음과 같이 나누면 조각의 수가 몇 개 더 늘어납니까? 5개

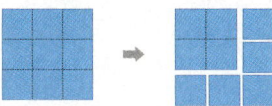

❷ 직사각형을 15개의 정사각형으로 나누어 보시오.

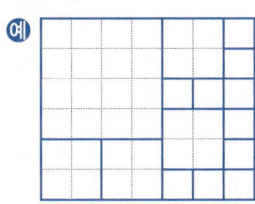

여러 가지 답이 있습니다.

[정사각형으로 나누기]

1 다음 모양을 주어진 정사각형 조각 수에 맞게 나누어 보시오.

6조각 · 7조각 · 9조각

여러 가지 답이 있습니다.

[적은 수의 조각으로 나누기]

2 다음과 같은 모양의 초콜릿을 여러 사람에게 정사각형 모양으로 남김없이 나누어 주려고 합니다. 가능한 적은 사람에게 나누어 주려면 모두 몇 명에게 줄 수 있는지 구하시오. 6명

👩 창의적 문제해결력

1 다음과 같은 도형 3개를 이어 붙여 만들 수 있는 서로 다른 모양을 모두 그려 보시오. (단, 돌리거나 뒤집어서 같은 모양은 한 가지만 그립니다.)

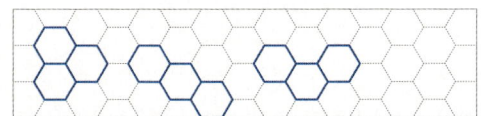

2 정사각형 2개로 만든 도미노 3개를 모두 사용하여 길이가 같은 변끼리 이어 붙여 만들 수 있는 서로 다른 모양을 모두 그려 보시오. (단, 돌리거나 뒤집어서 같은 모양은 한 가지만 그립니다.)

전체 모양이 같으면 같은 모양으로 생각해~

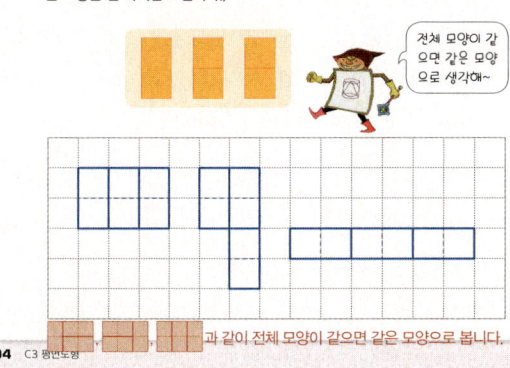

과 같이 전체 모양이 같으면 같은 모양으로 봅니다.

📹 동영상 특강
QR 코드를 찍어 보세요!

3 정삼각형 3개를 이어 붙여 만든 모양 2개가 있습니다. 다음과 같이 정삼각형 하나가 겹쳐지도록 놓아 만들 수 있는 서로 다른 모양을 모두 그리시오. (단, 돌리거나 뒤집어서 같은 모양은 한 가지만 그립니다.)

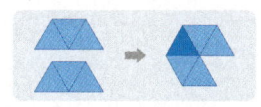

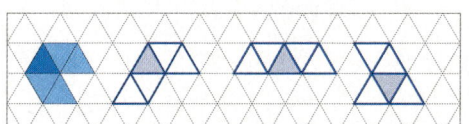

4 다음 모양을 크기와 모양이 모두 같은 4개의 도형으로 나누려고 합니다. 나누어진 모양에 ★ 과 ♥ 가 각각 하나씩 있도록 나누어 보시오.

모두 16칸을 4개의 도형으로 나누므로 도형 하나가 4칸이 되도록 나누어야 합니다.

정답 및 해설 **21**

MEMO

MEMO

MEMO

정답및 해설

평면
도형

C3

(10~11세)

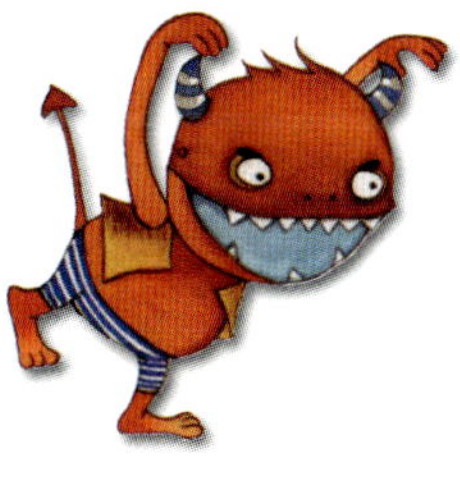

누구나 쉽고 재미있게

사고력
수학

누크

누구나 쉽고 재미있게
사고력
수학